# 好父母决定孩子一生

## 百万家长追着看的“家教圣经”

陆惠萍◎著

光明日报出版社

**图书在版编目（CIP）数据**

好父母决定孩子一生/陆惠萍著. —北京：光明日报出版社，2011.12（2015.5重印）

ISBN 978-7-5112-2021-9

Ⅰ. ①好… Ⅱ. ①陆… Ⅲ. ①家庭教育 Ⅳ. ①G78

中国版本图书馆CIP数据核字（2011）第247121号

**好父母决定孩子一生**

著　　者：陆惠萍

责任编辑：朱　宁　　　　责任校对：谷雅丽

封面设计：零三二五　　　责任印制：曹　诤

出版发行：光明日报出版社

地　址：北京市东城区珠市口东大街5号，100062

电　话：010-67078244（咨询），67078890（发行），67019571（邮购）

传　真：010-67078227，67078255

网　址：http://book.gmw.cn

E-mail：gmcbs@gmw.cn　zhuning@gmw.cn

法律顾问：北京恒德律师事务所龚柳方律师

印　刷：三河市华业印务有限公司

装　订：三河市华业印务有限公司

本书如有破损、缺页、装订错误，请与本社联系调换

开　本：787×1092　1/16

字　数：215千字　　　　印　张：13.75

版　次：2011年12月第1版　　印　次：2015年5月第2次印刷

书　号：ISBN 978-7-5112-2021-9

定　价：29.80元

## 我们有个美丽的名字——妈妈

捧起小小婴孩在手上
好像第一次看见东方的太阳
那是生命的辉煌

沉甸甸的使命
已经和孩子一同降生
妈妈一遍遍地问自己
一切都准备好了吗

孩子
你是妈妈写下的一本书
这本书检验着妈妈的人格素养
妈妈种下善良
妈妈种下信任
妈妈种下勇气

妈妈要给你抵御暴风雨的翅膀
妈妈要锻造你做人的脊梁
我的孩子，你将来
站着是柱，躺着是梁
这是妈妈最大的希望

妈妈陪着你长大
不觉得苦，不觉得累
妈妈只想听你说

“假如可以选择
让我选择一千次
我只愿选择你
做我的——
妈妈”

妈妈，妈妈，妈妈
还有什么名字比这更美丽、更博大
让我们像珍爱自己的生命一样
珍爱我们最美丽的名字——
妈妈

# 目录 Contents

# 自序 Preface

这不是一本书，这是我在与你说话，跟你讲故事，陪你做游戏，我是陆惠萍。阅读我的书，适合慢慢读，读出声来，读一会儿，想一想。

父母是领导者，领导者领导谁？领导家庭，领导孩子。领导者领导什么？领导状态、领导氛围。家长如果懂得领导孩子每一天的状态，你一定是个优秀的、受孩子尊敬的家长。

每个人的身体里都住着天使和魔鬼。喂养天使，天使就强大，喂养魔鬼，魔鬼就强大。从孩子呱呱落地，到18年后长大成人，在那6570个日日夜夜里，请你每一天都坚持喂养孩子内在的天使，好吗？具体地说就是，教导他懂得聆听别人的需要，学习从挫折中复原，快乐地与人共事，用意志力达成理想，以及如何保持同理心。

如果孩子问你：有没有一把钥匙能让我做好所有事情？

你回答：有，用心。

告诉我们亲爱的孩子，人活着有三种状态——生存、生活和生命。生存状态是为了活着而活，吃饱穿暖，得过且过；生活状态是为了成长而活，思想意识天天提升，修身养性，助人助己；生命状态是为了分享而活，自己活得好，想让其他人也活得好，带领团体，分享智慧。

但是，生活的表现形式，并不是时时刻刻都轰轰烈烈，我们最好能从千篇一律、平平常常的生活中，获得美好的人生经验和感受。作为父母，不要因为愧疚而给予，不要因为世俗而要求。让孩子有一颗滚烫的心，让孩子有一个愉悦的灵魂，是作为家长永远的追求。

至于学习，家长要关注的绝对不是考试分数的高低，当家长在追逐考试分数的时候，孩子的梦想和灵魂一定渐渐地远去了。在培养中一以贯之的，必须是让孩子有能力独立地、快快乐乐地过日子，并以“人生最大的享受就是有能力付出”为信仰。

家庭教育不可能被学校教育替代，所以家长是要努力的。这个世界上的人都认为别人应该被教育，父母也永远认为孩子应该被教育，此时，若父母能从教育者转变为学习者，你就登上了一个新的台阶。

家长爱孩子，天下没有人怀疑，可是，什么是真正的爱呢？只有孩子知道——妈妈的眼神里有爱，妈妈的话语里有爱，妈妈做的饭菜里有爱，妈妈的生气里有爱，妈妈的要求里有爱。这些只有让孩子真正地看见、听见、感觉到，才是爱。爱讲究态度，过一点，孩子的感受就由爱变恨了。

十多年来，我听了很多培训，看了很多书，接触了很多家长，访问了很多孩子，在此一并感谢。感谢天下所有培训机构及培训师们，感谢所有爱学习信任我的家长，感谢孩子捧出心的交流。

在此特别感谢王婷莹老师，感谢海林格老师，感谢刘一秒老师，感谢顾孟臻老师，感谢张庆祥老师，谢谢老师们带我成长。

人生可以每一步都向着更好、更高的境界前进。正如你每天牵着孩子，迎着阳光，微笑着走在改变自己、感染别人的路上，多好啊！

天下孩子，都是我们的宝贝！

祝福每一位！

陆惠萍

2011年10月3日于江苏常州

# 第一章　父母应该怎样影响孩子长大

培养孩子，是一项事业。事业的成败，在孩子长到18岁的时候，你就有结论了。这项事业，是在我们40岁以后，最影响我们成就感、幸福感的一件事。

渴望幸福和实际获得幸福，实在是两个世界，也就是愿望和成为之间，有鸿沟。培养孩子的一些重要环节，被我们丢失了，所以才出现了鸿沟。这里帮助你找到这些重要环节，并教你如何操作，直至填补鸿沟或架起桥梁。

# 父母是原件，孩子是复印件

爱孩子的最高境界，是在孩子的内心留下父母相亲相爱、互相谅解的美好画面；留下父母努力工作、互相促进的生动印象；留下父母带着乐趣快乐工作的幸福场景；留下父母看书学习的安静定格……某一天，孩子长大了，要离开家走自己的人生道路了，在他的记忆里，已经储存了丰富的美好画面。

父母是原件，孩子是复印件。原件什么样，复印件就什么样。看着孩子就知道父母会是什么样，看着父母就知道孩子会是什么样。这样的结论落在自己身上都说不是，拿这样的结论去看别人，你都说很准。

你说什么，你的孩子将受影响；你做什么，你的孩子更受影响；你不做什么，你的孩子也受影响。因为家长的不想、不懂、不做，孩子对社会的认识面窄，这些在未来必定成为制约他发展的盲点。

**真正的智慧具有原则的简单性，“父母是原件，孩子是复印件”就是这样一个简单而具影响力的原则。**在我10年的教育培训生涯中，天天都在见证好的、坏的、令人兴奋的、令人沮丧的活生生的案例。

我们来讲一些具体的例子：

我的女儿园初中的时候住校，开学没多久，一次周末回家，吃晚饭的时候跟我们聊天，聊什么呢？她说：妈妈我很难受，我们班级里有个女生，只要宿舍一熄灯，她就开始大声地、不知疲倦地说社会不好、我们这个城市不好、富人不好、世道不好、政府不好……有一次，晚上宿舍熄灯后，大家躺在床上，只听她用恶狠狠的口气说：“你看我们学校旁又修了一条那么宽的马路，我们这种骑自行车的人要这种马路干吗？不都是为那些富人、开汽车的人准备的嘛！要不然马路造那么宽干吗？造这么宽的马路，一定有一群人贪污，应该抓起来枪毙。”

初中一年级的女孩子，用子弹出膛般的、仇恨的，带着巨大的负面能量的口气说话，这样的话语是哪里来的？你说对了，是从家里的饭桌上听来的。

她听到父母这样说话，于是，父母的话就复印到她心里去了。不知不觉中，她小小年纪已经带着这样的偏见，去看身边的人、事、物，请问这对她未来是好还是坏？对，结论是没有好处。

一个在千千万万家庭每天上演的场景是，家长在饭桌上，随口说：“我们单位那个领导真是个混蛋，没水平，还整天管三管四，他自己都管不好自己，我才不服这种领导……”这种话你知道孩子听了以后结果是什么吗？

——“挑战权威”将成为他的一个习惯。

什么叫“挑战权威”呢？“权威”一般是指比自己职位高的人。挑战权威的表现是，他仇恨权威，敌视权威，小的时候对老师挑剔、仇恨。长大以后，对官大一级的人不服气，总认为领导没能力没水平，挑领导的毛病。这样的人每个单位都有，我们俗称为“刺头”。而因为这些习惯，你的孩子虽然有能力，但在单位里却不受欢迎，没有朋友，郁郁寡欢不被重用。长此以往，觉得自己怀才不遇，抱怨连天。

你希望你的孩子到一个单位里面不服从领导、不听领导、挑领导的刺吗？

不想这样的话，请从现在开始，把饭桌当做最重要的教育阵地，用智慧引导他，用梦想引导他，不要让孩子成为父母的受害者。如果你总是在饭桌上说一些对社会的不满、对领导的不满，不知不觉中，你的孩子也一定会变得对未来没有愿望，没有向往，长大愿望不足，学习动力不足，得过且过……

这个案例让我们清楚地看到，“你是原件，孩子是复印件”的复印过程。你不要认为孩子小，孩子听不懂，无论他多么小，甚至包括整个胎儿期，都有记忆。所以重要的，也是我们要特别强调的：**作为父母，你千万不能给你的孩子增加错误的记忆。6 岁之前你跟孩子在一起吃晚饭的时候，谈论什么就已经很大程度上决定了孩子的未来，因为一些关键的东西已经复印在孩子心上了。**

通常我们在孩子的成长过程中增加了哪些错误的记忆呢？

有的父母回到家大声说："今天累得要死，上班真是累死了……"

如果你这样讲，孩子心里想，长大了上班好可怜，好没趣，我长大干吗呀？他成长的愿望就降低，害怕长大，害怕承担责任。要不然就是没完没了地读书，读了大学读研究生，读了国内读国外，就是不愿意开始工作，不愿意承担家庭和社会的责任。甚至，我们有没有想过，为什么有那么多人自杀？因为从小他没有从父母身上发现生活的美好，人际的美好，世界的美好！

你在孩子身上增加这些错误记忆的话，今后这些错误的记忆都将显现给你看。

有的家长当着孩子的面大吵大闹，恶语相向，打架过后长期冷战，没有谅解没有检讨；有的夫妻轻率离异，成为婚姻的失败者。孩子从这些经历中读到的是，男人女人在一起不是吵架就是打架，婚姻一点儿也不值得期待，有的孩子长大后有婚姻恐惧症，不敢走进婚姻。因为在他的成长背景中，没有留下爸爸妈妈相亲相爱的画面。而这样的画面极其重要，是未来他面对困难、战胜困难，向往美好的精神寄托。

我国曾经发生过这样一个案例：

一个孩子大学毕业，爷爷跟他说："我的大孙子，你大学毕业了，赶紧来接爷爷的班吧，爷爷经营自己的企业几十年，该退休交班了！"

孩子一听，冲进厨房拿出菜刀把自己的一个手指剁下来扔在爷爷脸上，说："你别想让我接你的班，没门，做梦去吧！"

后来才知道，孩子小的时候，整天听爷爷和爸爸在一起讲：创业真难啊，怎么走到这一行里来了，太辛苦了，下辈子绝不干这行了，等等等等。孩子从小听在心里，而现在要他来接班，他觉得你们下辈子也不想干的事，干吗让我来接班？我才不想再吃你们这样的苦，不想走你们这样的路。

大人随意的发泄，片面的表达，引来这样的结果，有谁能想到呢！而现在，你听到了，想到了，又该怎样做呢？

有的家长在孩子很小的时候，坐在那里安安静静地看领袖传记，孩子跑过来说：妈妈，看什么书，讲给我听好吗！——我在看《丘吉尔传》。丘吉尔是谁啊？——丘吉尔是二战时候英国的领袖。什么叫领袖？——领袖就是帮助很多人，让他们过上好日子！——妈妈，我长大也要帮助很多人过好日子！

爱孩子的最高境界，是在孩子的内心留下父母相亲相爱、互相谅解的美好画面；留下父母努力工作、互相促进的生动印象；留下父母带着乐趣快乐工作的幸福场景；留下父母看书学习的安静定格……某一天，孩子长大了，要离开家，走自己的人生道路了，在他的记忆里，已经储存了丰富的美好画面。

当他在异地他乡孤独时、绝望时、遇到困难时、走投无路时，这些美好的画面全部都会复活，来支持他、启发他，带他走出困境，到达人生更高的境界。

作为父母，让我们的原件美好一点，再美好一点，再美好一点——为了我们亲爱的孩子！

# 谁影响过你

从小到大，在我记忆中，从来没有跟父亲拥抱过。如果父亲没有生病，也许一辈子都不会跟他拥抱，就像大多数父亲和儿子的关系一样，一辈子都是僵僵的。

今天，我们之所以呈现现在这个样子，即每个人有每个人的样子，是因为在我们成长的道路上，一些人、事、物影响了我们，并在我们身上留下痕迹。痕迹可大可小，可轻可重，可好可坏，看我们如何消化和处理。

我们先来看几个例子。

一位女性，长得非常漂亮可爱。12 岁的时候，因为一次作业错了很多，老师把她带到办公室，看着她，冷冷地说了一句："你别绣花枕头，长大一包草哦!"

她说，当时听了心里很难受，觉得很受伤害。这句看似伤害的话，经常被她想起，而每次想起来，最后都转化成了一种力量。

几十年以后，她已成为老总，当我们互相交流的时候，我发现她学识渊博、博古通今，绝对不是"绣花枕头一包草"。

当年老师的这一句话，在她心灵上刻了一个痕迹，让她警醒自己——长大不能"绣花枕头一包草"，必须努力，必须勤奋，让自己内在丰富、受人尊敬。

我的一个好姐妹，从小聪明懂事，读书好。小学二年级的时候，居然也因为跟同学玩，忘记做作业，发现时已经太迟了。

老师把没写作业的同学点起来，到讲台前罚站一节课。她坐在下面，心怦怦跳。结果，老师把平时一向很调皮的同学叫了起来，没有叫她。整整一节课，她如坐针毡、度日如年，就怕老师突然叫她站起来。她坐在下面，看看老师，看看站在前面的同学，心里突然升起一个想法：我今后再也不能让老师为难，不能让老师为我担心了。老师这么给我面子，我一定要更好才行。

长大以后，她成为了一个走到哪里都让人非常省心的人，做好自己的事，从不让别人为难，总是为别人着想，事业也做得非常成功。

一件看似不好的事，转换成一个决心，这个决心成为她安身立命的一种高贵品格。

我的一个大学生学员，是一个小山村长大的姑娘，考上了上海的一所名牌大学，她有一个好习惯，就是常常给家人写信。

有一次，她给在山区的叔叔写了一封信，随信寄了自己在学校门口的一张照片。多年后，女孩结婚生子，带着家人看望叔叔。叔叔居然从口袋里拿出多年前的那封信。

叔叔说：侄女啊，是这封信让叔叔活到现在，我天天带在身上。一开始，我经常拿给村里人看，跟他们说：你们看，我侄女多孝顺，还给我写信寄照片，看这字写得多漂亮。后来，你婶婶生病去世，只剩下我一个人，晚上我经常把信拿出来看一看，读一读。心想：我有这么棒的一个侄女，她远在千里之外，还惦记我这个山沟沟里的叔叔。我一定要好好活下去。

侄女听了叔叔一番话，呆了——原来我的一封信可以有那么大的作用，原来人与人之间的关心有这么大的威力。以后，我要更加主动地关心家人、朋友、同事。

她决定，这辈子，要为温暖人心做更多的事。

一次，我在一所大学里演讲，刚刚讲完，只见一个男生冲上台来，向我深深鞠了一躬，看他抬起头来时，已泪流满面，跟我说：老师，我可以拥抱您吗？拥抱之后，我问他，有什么要跟我们分享的吗？

他说：上高三时的春节，过完大年初三就要回学校了。我家在农村，学校在县城，一个学期我只能回去一趟。我的父亲当时已是胃癌晚期，来日无多，我知道今天一走也许就再也看不到父亲了。所以我迟迟不肯回学校，父亲催我出发，催了几次，终于发火了，一边打我一边赶我走。我想：打也是最后一次打，骂也是最后一次骂。看着父亲气喘吁吁打不动我的样子，我突然抱住了父亲，大哭起来，父亲也哭了，全家人都哭了。两个人拥抱在一起，一动不动，像雕塑一样，很久很久都没有松开……

从小到大，在我记忆中，从来没有跟父亲拥抱过。如果父亲没有生病，也许一辈子都不会跟他拥抱，就像大多数父亲和儿子的关系一样，一辈子都是僵僵的，相互间话很少，心灵的交流更是少之又少。

我今天跑上来跟大家分享的是，因为我父亲生病不久于人世，才发生突然的拥抱。这次拥抱，教导了我，影响了我的人生。我相信在未来，我跟周围人的关系会是亲切和谐的。因为父亲的事告诉我，能走近就走近吧，能拥抱就拥抱吧。

与父亲不期而遇的拥抱，造就孩子一辈子人际关系的亲切与和谐，父亲在天之灵一定在微笑吧！

现在，请你拿出笔和纸，填写下面的这张表格。先把你现在的年龄除以 3，举例：如果你是 35 岁，除 3 以后约是 12，就请在“早年”的括号里填上 0～12 岁，在“近年”的括号里填上 13～24 岁，在“现在”的括号里填上 25～35 岁。

**谁影响过你**　　姓名:＿＿＿＿＿＿

| | 早年（　　　） | 近年（　　　） | 现在（　　　） |
|---|---|---|---|
| 谁教育过你 | | | |
| 谁伤害过你 | | | |
| 谁鼓励过你 | | | |
| 谁赞美过你 | | | |
| 你从父亲那里学到的品格是—— | | | |

花至少20分钟的时间，填好表格，看着你的表格，我们来做个总结——

第一，如果你填的表格上面没有写到爸爸妈妈，代表你的爸爸妈妈在你的成长背景当中影响很小。如果你已经做了爸爸或妈妈，请关注你跟孩子的互动。想象一下，在你的孩子未来填这张表格的时候，他将如何填到你呢?

第二，如果你的表格上很空，几乎想不出小时候的事情，代表真正影响到你的人很少。

有一次，我为80多个中国第一批富起来的老板们培训，他们的表格上每个人都填得满满当当，你就知道在他们的人生经历中，正面影响他们的东西很多很多。同样一句话，同样一件事，觉察力好的人就能从中学到很多，并改变自己的行为。而觉察力不好的，就没知没觉地过日子。

第三，如果你的表格上填到你的老师、朋友或者一个看似不重要的人对你说的一句话，让你至今想起来还觉得温暖，还感受到力量，那我特别希望当别人填表格时，能想起你说过的一句什么话，正面积极地影响了他的生命。

第四，伤害别人的话尽量少说，如果是批评，里面一定要有鼓励和期望的部分、带动和引导的部分。单纯的、极端的、恶狠狠的批评，要少说或不说。

希望你出现在你孩子的生命里，希望你出现在别人的生命里，成为影响孩子和其他人生命的人，快乐地播撒阳光和雨露。

# 怎样做妈妈，孩子才喜欢

孩子们向我反映，妈妈整天看电视，不让我看；妈妈从来不看书，逼着我读书；妈妈逼我睡觉，自己看电视到深夜，早上睡懒觉；妈妈跟我板着脸，一转身对着我家小狗又抱又哄，还跟小狗说话，特别有耐心。

一个小学员跟我对话："陆老师，我妈妈偏心眼。"

"为什么这么说呢？"

"因为，我妈妈在姥姥那里笑脸如花，有什么好吃的都给姥姥送去。"

"这很好啊，怎么了呢？"

"可是，我妈妈只要一看见奶奶，脸就拉得很长。"

"真的吗？你没有看错吧？"

"我妈妈对姥姥好，还陪姥姥散步逛街。可不知为什么，妈妈看见奶奶，话都说不上几句，别说散步逛街了。"

"厉害，你观察得那么仔细啊。"

"老师，我说的是真的，我妈妈一直是这样。我就是不明白，妈妈为什么这么偏心眼。"

……

这么小的孩子，有观察、有发现、有总结、有观点，小孩的观察角度，通常会让妈妈们吓一跳，妈妈们觉得自己藏得很深，孩子却说，傻子都看出来了。

有机构调查：孩子不喜欢妈妈什么行为？**第一，只图享乐，不关心孩子的妈妈；第二，心胸狭窄，处事不公的妈妈；第三，缺少教养，不讲公德的妈妈。**

各位妈妈，按孩子的标准对照一下，以上三条每条10分，你得多少分？

孩子们向我反映，妈妈整天看电视，不让我看；妈妈从来不看书，逼着我读书；妈妈逼我睡觉，自己看电视到深夜，早上睡懒觉；妈妈跟我板着脸，一转身对着我家小狗又抱又哄，还跟小狗说话，特别有耐心。

哎！我摇了摇头，长叹一声。

“我妈妈在商场跟营业员阿姨吵架，围了很多人，我赶紧躲起来，真难为情。”

“我妈妈在地铁里跟人抢位置，差一点打起来。”

“我妈妈在菜场买了一个阿姨的菜，抢了两根大葱就跑。卖菜的那个阿姨在背后说得很难听。”

“我们全家出去玩的时候，在大巴车上，妈妈说话声音太大了，后面的人让妈妈轻一点。”

“我妈妈做的菜难吃死了，给狗都不吃，妈妈逼我吃，不吃完不准出去。”

“我妈妈不修边幅，脏兮兮的，同学们说她不像我妈妈倒像我奶奶。”

……

有人另外总结了一些妈妈们的常见行为：妈妈从不冒犯别的同事一句，可却将孩子当成出气筒；妈妈在商场多被询问几句都认为是侮辱，可在家里天天训斥孩子；妈妈为美容手术失误对簿公堂，可自己打麻将让幼小的孩子被开水烫伤，却无半点愧意……

但愿以上都是非常少见而极端的妈妈行为，可是，以下这个统计却是真实的。有一次，我们去一家聋哑学校搞慈善活动，校长告诉我们，先天性耳聋的孩子是极少的。中国的聋儿大体有两种情况，第一是孩子小的时候，打抗生素直接致聋；第二是父母在孩子小的时候，高高抡起手掌，一巴掌打在孩子颞叶部位，直接致聋。

那孩子最喜欢妈妈什么行为？**第一，有事业心，敬业进取的妈妈；第二，勤奋好学，不断成长的妈妈；第三，充满爱心，亲切活泼的妈妈。**

各位妈妈，按孩子的标准再对照一下，以上三条，每条10分，你得多少分？

“我妈妈工作很累，但从来不叫苦，人家都说我妈妈能干。”

“妈妈喜欢看书，我小时候，妈妈天天捧着书给我讲故事。”

“我妈妈总是很开心，爸爸说妈妈是我们家的开心果。”

“我妈妈什么都懂，妈妈是百科全书。”

“我妈妈特别漂亮，我喜欢漂亮妈妈。”

“妈妈带奶奶去医院看病，给奶奶送饭。”

……

感谢老天，幸好我们还有这样的妈妈！

说一个婆婆和媳妇的故事。“妈妈偏心眼”这样的事是普遍存在的，“婆婆也是妈”，对于很多人来说是很难做到的。我的一个“母亲学院”的学员，跟婆婆关系很僵。他们那里的习俗，妈妈和大儿子家一起过。所以他们婚后与婆婆在一个院子里生活了十多年，水火不容。儿媳跟我说：每天早上我下楼时，想着将要看见婆婆那张拉长的脸，就浑身难受。我们没法考证到底是儿媳先拉长脸还是婆婆先拉长脸，但这种关系让双方非常不舒服，她很想解决，又不知道该怎样做。

我问她是否真想和好。我说，如果真想和解的话，按我的方法做，必须严格执行半年以上，半年以后我们再交流。

方法是这样的，每天回到家，大声喊出以下内容：

“妈，我回来了！”

“妈，有什么要帮忙的吗？”

“妈，我来洗碗吧！”

“妈，您先去睡觉吧！”

“妈，您多吃点。”

“妈，要不要洗衣服？”

“妈，您做得真好吃。”

“妈，我出门了！”

“妈，我去超市，要不要带什么东西？”

“妈，衣服收回来了！”

……

也许你什么也没有做，只是天天这样响亮地喊了几声妈。

三个月以后，这位学员回来复训，跟我说：“陆老师，照你说的做，每天响亮地叫十几声妈，效果很好，我跟婆婆的关系前所未有的和谐融洽。”

她继续说：“可是，有一点我没有弄明白，我跟她僵了十多年，现在关系好了，处得特别和谐。好日子才两个月，前天她突然跟我说：大媳妇啊，我要搬到二媳妇家去住了！我不明白，我跟她僵着，她跟我们一起住，十多年，不搬走，怎么都不肯去二媳妇那里。现在，我们关系好了，她却要搬走，去跟二媳妇住，老师，为什么呀？”

“很简单啊，她要去修二媳妇尊重婆婆的功课了呗！”

婆媳关系是一门功课，早晚要修，修不好，一直搁心头，状况重复出现，还一次比一次严重。一旦冷静下来，做儿媳的先退一步，从孝道开始，修炼自己，化解婆媳矛盾，一切归于平静，问题便不再出现。

什么时候不偏心眼了，什么时候自己气也顺了。

婆婆也是妈！感谢天下生儿子的母亲，生养了一个可以让我们托付终身的老公！

我们爱您，亲爱的婆婆！

# 她为什么被香港五所大学同时录取

“老师，我有一个请求，我的妈妈告诉我，在我的人生经历当中，有一些重要的时刻，必须记录下来。我随身带着照相机，我觉得今天这个时刻，就是我人生当中一个非常非常重要的时刻，我能跟各位老师拍张合影吗？”

几年前，香港大学、香港科技大学、香港中文大学等等大学开始在大陆招生，引起轰动。

香港在世界上有着特殊的地位，各种文化在这里汇聚交融，它是真正意义上的国际化大都市。人类已经走向全球化，当然要去全球化的地方提升自己的全球化意识。香港的大学是英语教学体系，与国际接轨更快，几年后孩子一定更有国际思维。

大陆有很好的生源，香港的大学来招生，只要分数达线，大陆的家长和孩子们，都想来试试水有多深，成不成都想试一试。这一试不要紧，试出了我们家庭教育、学校教育和社会教育中太多的盲点盲区。去了才知道，我们比刘姥姥进大观园还露怯。

可是，有厉害的！

东方台报道，记者去上海一家普通家庭采访。一开门，出来一个满脸痘痘的女孩，记者问她名字，确认她就是被香港五所大学同时录取的那位。

于是，记者问：“你为什么会被香港五所大学同时录取呢？”

女孩说：“啊，怎么可能？我不知道我被香港五所大学同时录取了！”

东方台的消息比女孩早。

记者：“这是确切的消息，请你回忆一下，你到底做了什么，会被五所大学同时录取？”

女孩一脸茫然，请记者进入她那普通得不能再普通的家。记者要她好好想一想：面试的时候，到底什么环节让你胜出，让五所大学的考官不约而同地要录取你？而你报考的分数是最低的。

女孩自己也觉得很奇怪，想了很久很久，一直喃喃自语：我也没做什么呀，我想不出我到底做了什么呀？

有必要先介绍一下香港的大学面试的基本方式——

每年高考分数出来后，很快，香港的大学就会公布面试分数线。达到分数的同学都有机会参加面试。香港的大学的招生面试是集体面试。你到了现场，就给你一个号，开始了，就报号，一二三四五六号，六个人一起进来。

进来以后每个人用一分钟的时间自我介绍。很多孩子没有准备，自我介绍一分钟，只用了十秒就结束了，基本都用不足时间，很可惜。这是因为孩子们在家里从来没有练习过——一分钟自我介绍该说点什么；三分钟自我介绍该说点什么；十分钟自我介绍该怎么说，多数人都打无准备之仗。有的只介绍自己的名字就什么也不说了。自我介绍有哪些要素？如何第一时间让面试官认识你、记住你？该穿什么衣服参加面试？……所有这些，在我们的成长背景中都没有得到学习，缺失严重，更严重的是自己不知道自己缺失。

接下来，面试的老师就抛一个题目给六个考生，让六个考生用一个小时的时间，根据这个题目，发表自己的意见。

各位家长，你知道曾经问过什么样的问题吗？

考官问：我给大家的题目是，请在座各位同学来谈一谈明年中国的房地产走势。

注意噢，你的孩子高考结束没几天，面试就要他们谈这个。哑了，怎么办？

"可能还会涨吧！"一个考生说；

"我觉得不应该再涨？"另一个考生；

"房子这么贵，我觉得国家应该管一管。"第三个说；

"我觉得大部分人都买不起！"第四个说。

这就是他们的讨论。接下来冷场。

考生还曾经被要求讨论过以下这些题目：

“请各位讨论一下，发表自己的意见，谈一谈中国足球的未来。”

“如果看见外星人的飞船停在不远处，你会怎么办？”

“世界上有很多富翁，他们会把自己的财富捐出去。你如果是富翁，你会怎么做？”

如果你是父母，你又在场，一定觉得这不公平，冲进去跟考官理论：“你们出的题目怎么这么变态啊？”

“我家小孩忙着考试，哪有时间了解足球？”

“你看到过飞船啊？找一只给我看看！出这样的题目，变态！”

“什么房地产，我来回答，我们买不起，买不起！”

你呢？觉得这样的问题离谱吗？如果是你，你会如何回答呢？

回到采访现场。

上海女孩看着记者，突然一拍脑袋，似乎恍然大悟，说：我想起来了，会不会是因为那个环节。但那个环节也没有什么特别的呀。女孩叙述——

我的高考成绩刚刚够报香港的大学，只超出底线几分而已。但也想去试一试，去锻炼锻炼，没抱多大希望。考官给出的那个题目，我也不知道该怎样讲，大家都不太会讲，熬啊熬，熬到结束。

结束的时候，我走上前，跟考官说：“我有一个请求，我的妈妈告诉我，在我的人生经历当中，有一些重要的时刻，必须记录下来。我随身带着照相机，我觉得今天这个时刻，就是我人生当中一个非常非常重要的时刻，我能跟各位老师拍张合影吗？”

你明白了吗，就这么一个简单的举动，她被五所大学同时录取。如果你认为这是一个简单的举动，你就错了。能够在有限的时间里，让陌生人在人堆里认识你并且记住你，仅凭这一点，就是非凡的能力了。香港的大学就是要招这样的能被人记住的人。今后她一定会是有影响力的人。

另外，这个举动，还代表她对前面没有表现好并不沮丧，也没有抱怨，按部就班把事情做完；更代表她不怯场，能勇敢地、自如地向考官表达她的意思；她还说这并没有什么特别的，说明她不是刻意做出来，自然而然，简简单单。

但是，这对别的孩子，也许并不简单。孩子们通常到一个新的场合紧张得发抖，还能记得包里面带一个照相机吗？还敢去跟老师说这些话吗？还敢跟老师、跟权威人物要求拍照吗？还能失败了不沮丧，该干吗就干吗吗？

你想一想，你的孩子，他可以吗？

这个动作，不复杂，不特别，在诚恳善意中，让别人认识了你，这就是生活智慧。这样的生活智慧，谁教的？爸爸妈妈教的！

# 我快不认识爸爸了

爸爸回家晚，他从来没有在11点钟之前回来。有时候他11点钟以后回来我还没有睡着，经常是听见“砰——”爸爸进门了，我在想，他会到我房间来看看我吗？会来跟我说说话吗？会来拍拍我吗？没有。

暑期的青少年课程上，一位来自济南的中学生，和大家分享他的成长故事时，跟我们说，虽然他爸爸每天都回家，但他快不认识自己的爸爸了。

孩子的表述能力不错——

“我来跟大家讲一讲我和我爸爸的故事。我跟你们讲，过完暑假我就要上初中了，我快不认识我爸爸了。说来你们不相信，我已经一个学期没见着我爸了，虽然他每天都回家。”

坐在下面听着的其他孩子问：“为什么天天回家，却见不着呢？你爸爸是做什么的？”

“我爸爸是一个外科医生，给病人开刀。每天，门一开，家门口等着很多病人家属，哭着喊着，要我爸早一点安排给他们开刀。”

同学们问：“那你爸爸总要回家啊，为什么你看不见他呢？”

“爸爸回家晚，他从来没有在11点钟之前回来的。有时候他11点钟以后回来我还没有睡着，经常是听见‘砰——’爸爸进门了，我在想，他会到我房间来看看我吗？会来跟我说说话吗？会来拍拍我吗？没有。”

“好像，爸爸在厨房里吃东西，他是不是还没有吃晚饭，他吃完饭会不会来看看我，会不会到我房间来坐一下呢？爸爸好像吃完了。噢，爸爸把电视机打开了，爸爸在看电视，再听，过一会儿，爸爸咳嗽了两声，关了电视，爸爸大概要进房间了，他进房间之前，会来看看我吗，会在我床边上坐一会儿吗？”

作为父亲，你大概怎么也不会想到，这么晚了，孩子还在等待你去房间看他，在他床沿上坐坐。他是这样地期待着你的关心和爱护，你不曾想到吧！这样的期待太久而得不到满足的话，期待就可能变成恨了。

看到这里，父亲一定会振振有词地说，晚上 11 点了，我想孩子一定睡着了，我为了不打扰他，才没有去他房间。

我的建议是，**不管几点，不管多晚，只要回到家，先去孩子房间。孩子没睡的话，跟他说说话，聊聊天。孩子睡着的话，更要去他房间，摸摸他的脸，拍拍他的头，抚摸他的头发，握握他的手，帮他掖掖被子，然后你再离开。**这些动作不会占用太多时间。但，不管你们多久没打照面，相互之间，心灵的联系是绝对不会断的。

孩子们还在问："那你爸爸一天做几个小时手术？"

"最长的心脏搭桥手术，要做 21 个小时。"

孩子们开始七嘴八舌："哇，这么久啊，那你爸爸要上厕所怎么办？要吃饭怎么办？"

这孩子显然没有想到过这个问题："对啊，我没问过我爸，这么长时间，他要怎么上厕所，怎么吃饭呢？"

孩子说这个故事，只是想表达——我的爸爸不关心我。但是，从孩子们问的这个问题开始，他转向了。

看着这样的场景，我马上做引导，问坐在下面的同学们："孩子们，如果是你们的爸爸，站着做了 21 个小时的手术回到家，你们会怎么做？"

"我会帮爸爸倒一杯茶！"

"我会帮爸爸拿水果！"

"我会帮爸爸倒洗脚水！"

"我会问爸爸累不累，然后帮爸爸捶捶背！"

"我一定会给爸爸捏捏肩膀。"

我没想到，孩子们会想到做这些。看看台上的这个孩子，有点尴尬，但已湿了眼眶。因为，他从来没有去考虑过爸爸的感觉，只想着自己要什么，只想着自己的委屈，只想着爸爸不应该这么不关心我。

是啊，孩子一定在这个过程中反省了，一定受教育了，也一定会在以后变得主动一些。但是，就我而言，我并不要求孩子们在这个年纪，如此地懂事。一个父亲，半年都因为忙工作，没有走进孩子的房间看看孩子，怎么说也是非常不应该的。家长营造家庭氛围更应该主动。教育之道，上所行，下所效也。

暑期北京的课程开始前，听一对父母讲起自己的孩子，似乎已十恶不赦。课程开始后，发现一个男孩子很健谈，课程中每天亲切地跟我聊几句，到第三天，孩子跟我讲起自己的父母，才知道他就是几乎被父母认为是十恶不赦的那个孩子。

“老师，听了两天课，我觉得自己很不孝，长这么大，总让妈妈担心。现在我知道了，要好好待我妈妈。老师，你后面的几课，不是教育我们要对爸爸好吧？如果是这样，我不要听明天的课了，因为我爸爸是混蛋，我不需要孝敬他。”

“爸爸对你做了什么，你这么说?”

“他对我除了打就是骂，说我是败家子，不会有出息。他从来不相信我，对我就像对犯人，训我、审问我。我讨厌他，不想看见他，也不想孝敬他。”

“是吗，你猜，课程结束你爸爸会不会来接你?”

“不可能，妈妈会来接，爸爸绝不可能来，我可以跟老师打赌。很长时间了，回家或出门我叫爸爸，他只当没听见，爱理不理。他已经放弃我了，认为我不可救药，我也放弃他了。”

“你改变了，爸爸也会改变。你先相信爸爸，爸爸也会相信你。”

课程结业仪式结束时，孩子发现自己的爸爸妈妈一同前来，接自己回家，爸爸竟然拿着一束花献给自己的儿子。儿子接过花，跑到我这里：“我不相信，我看见了还是不相信，我爸爸拿着鲜花来接我，这，这，这太意外了。老师，我把花献给您。”

隔了半年，接到孩子几条短信说：长这么大，因为父亲接我送我花，我痛哭不止，记事起第一次跟父亲拥抱，第一次懂得父爱也可以这么温暖，我和爸爸都走过了这座断桥。

父亲说：我也要学会理解孩子的想法，跟孩子民主地讨论事情。

是啊！不要让孩子不认识你，孩子跟父亲之间，走得近些，再近些吧！直到可以互相听见心跳，感觉温暖，同呼吸也共命运。

# 喜欢抱怨的妈妈

停止抱怨，对自己、对家庭、对孩子的成长，甚至对健康都有利，这不是在说理论、说大话。因为美国医学界已经证明，人类的疾病，80%以上都来自于情绪，而抱怨是诸多不良情绪中制造疾病的头号杀手。

喜欢抱怨应该是妈妈们的通病吧，不信可以问一问天下男人，或者问一问天下孩子，“是的，我太太喜欢抱怨”，或者“是的，我妈妈喜欢抱怨”，中奖率应该在90%以上。如果“抱怨”成为奥运会的一个项目，不用怀疑，中国的妈妈们、太太们一定包揽金银铜三个奖项。

一个初中一年级的孩子，写了一篇文章，名字叫《喜欢抱怨的妈妈》：

爸爸很忙，每天深圳、香港来回跑，回家总是很晚。

不管多晚，爸爸一回家，妈妈就开始指责他，唠唠叨叨、没完没了。妈妈说爸爸，这么晚回家，从来不管小孩，小孩子是我一个人的吗；不知道在外面鬼混什么，到底跟谁一起吃饭谁知道；乱花钱，赚的钱只够你天天在外面胡吃海塞的；嫁给你真是倒了八辈子霉了……

妈妈说得很难听。爸爸呢，有时候跟妈妈检讨，说：对不起，明天一定早回家；有时候会很不耐烦。爸爸不耐烦的时候，他们俩就会吵起来，把我吵醒，把弟弟吓哭。

有一天，妈妈又跟爸爸吵了起来，吵得很凶，把我吵醒了。我忍不住从房间冲出来，指着妈妈厉声说：“妈妈，你不要和爸爸吵了。你们俩还是早点离婚吧。如果你们俩离婚，妈妈，我虽然很爱你，但我一定不会跟着你的。因为跟着你，我会饿死的！”

我说完，妈妈哭了。爸爸骂我，小孩子不许跟妈妈这样讲话。我知道我把妈妈说得伤心了，我也不知道我为什么会这么说。

我家有两个保姆，反正我觉得妈妈什么也不做，每天冲着保姆发火，冲着爸爸发火。我知道妈妈原来是名牌大学毕业，可是她为什么脾气这么差呢？为什么总也看不到妈妈有好好说话的时候呢？

这位妈妈是有理由跟爸爸发火的，老公的责任心也许会在发火中建立起一点来。可是不能常发，也不能在老公喝醉的时候或情绪不好的时候发。妈妈为了孩子做了全职太太，是有牺牲的。不过，在家里专心经营老公和孩子这两项事业也非常棒。经营好老公，这是太太目前的事业；经营好孩子，这是太太未来的事业。两项事业经营好，伟大而实在。方法呢，要学；抱怨呢，没用。

孩子之所以能说出这样的话，是因为在平常的生活中，孩子除了看见妈妈抱怨，其他的什么也没有看见——孩子没有看见，妈妈其实工作能力很强，经常做爸爸的助手，帮助爸爸处理很多事情；孩子没有看见，妈妈很善良，对奶奶很孝顺。但这一切，被妈妈整天的抱怨给掩盖了。

停止抱怨，对自己、对家庭、对孩子的成长，甚至对自己的健康都有利，这不是在说理论和大话。因为美国医学界已经证明，人类的疾病，80%以上，都来自于情绪，而抱怨是诸多不良情绪中制造疾病的头号杀手。

也许你会说，有太多的事值得抱怨了，是的，你是对的。你每天可以找到10件、100件非常值得抱怨的事情。但是，抱怨管用吗？抱怨是垃圾，你家的有形垃圾每天都倒，而心理的垃圾你难道想一直堆在心里？心理的垃圾跟有形垃圾一样，会发散恶臭，让家里的环境变糟。

抱怨就是最臭的一种心理垃圾。

其实不要着急，所有的负面情绪只有六分钟的停留时间。但如果你太关注它而不疏理它，会影响你很多年，甚至一辈子，你一站一站被抱怨的情绪卡住，精神状态无法向上升华。孩子要不看不起你，要不学会了跟你一样抱怨。

漫画家几米曾说：

爱你时，一切美丽，

怨你时，一切灰暗。

看，抱怨把我们的心情弄成什么样了。你愿意选择美丽的心情还是选择灰暗的心情呢？

测试一下，各位家长，当你走到停车场，发现自己车子被撞，你会怎么做？现在问一问自己。

正确的答案是，永远问：“我现在该怎么做?”

而不是说：“这是谁弄的？哪个混蛋弄的?”

最佳答案是：“在这一刻我最应该做的，到底是什么?”

假如你看重生命的价值，请按最佳答案执行，不要浪费时间。现在的人，为十元钱可以吵一下午，为一件过后很难想起来的小事反目成仇，甚至做一辈子仇人。

妈妈停止抱怨，孩子一定不会抱怨。抱怨，是孩子必须远离的情绪。有一本书叫《不抱怨的世界》，作者威尔·鲍温跟别的作家不同，他除了出书还特别附赠一个手环，上写：“远离抱怨，好运上门！优秀的人都不抱怨！你愿接受21天不抱怨挑战吗?”

手环是紫色的，紫色代表蜕变。

记得在2007年，台湾一位培训师送我台湾版的《不抱怨的世界》，让我当场把紫色手环戴上。戴上后如果抱怨，就把手环换到另一只手上，换手后时间重新算起。坚持21天手环不换手，也就是21天不抱怨，你才算完成挑战，才可以摘下手环。

正是夏天，紫色手环戴在手上很醒目。我说，不用了吧，我都做了这么多年培训师，早就远离抱怨了。朋友说，那好，希望你戴上它，以最快的速度，21天就完成挑战。

从本书问世以来，国内国外还没有一个人是不需要换手，21天直接完成挑战的。

向大家报告，我戴上后，当天就抱怨三次，换手三次，这是我没有想到的。事情发生在晚餐时，我跟老公抱怨我妈妈：讲好今天来的怎么没有来；讲好跟我们一起出去的，又不去了，太扫兴了……

我被自己这样的抱怨吓了一跳，当天晚上，我深刻地反省了自己。

没错，经历了才知道，停止抱怨是一个很难的过程。我用了差不多半年时间，才勉强拿下。而好消息是，现在的我，有了一定的免疫力，抱怨的时候有觉知，心里会自然而然地喊：“停!”

在美国，癌症也称“C型性格”，因为癌症这个英文单词是C开头的，换句话说，C 型性格就叫癌症性格。表现为害怕竞争，逆来顺受，有气往肚子里咽，爱生闷气，C 型性格的人得癌症的比例极高。

所以，现在请跟着我说一句话："我的疾病是我最恨的那个人带来的!"

重复十遍。说完后，请停止恨那个人。

停止吧，停止抱怨吧!

让我们每天感谢所发生的一切，人的生命太短暂了，没有时间一一去弄懂它，或追究到底。做有结果的事吧。请尽快从习惯抱怨的模式中走出来，人生幸福是因为有笑声有宽容啊。

**面对丰富的人生，你有必要学一句口诀："太棒了，别人没有发生的事，居然发生在我的身上，我又有成长的空间了!"**

找个时间，问一问你的孩子："孩子，跟我说实话，我是不是一个喜欢抱怨的妈妈？0 分不抱怨，10 分是非常抱怨，你觉得妈妈是几分?"

不管得分如何，都不要辩解。用孩子对你的评价，给自己定一个位，带着孩子从这里出发，把抱怨扔在身后，走向阳光。

# 一个好母亲，幸福三代人

改革开放30年后的中国，进入到全球化时代的中国，家长到底要如何变革呢？家庭教育模式到底要如何变革呢？特别是作为主要教育者的母亲，到底要具备什么样的素质，什么样的教育思想呢？要建立什么样的全球思维体系才能防患于未然呢？

有人告诉我们，国家与国家之间的竞争，是年轻妈妈们之间的竞争；有人告诉我们，推动摇篮的手推动世界；有人告诉我们，母亲是人类的源头，源头污染了，一切都污染了；有人告诉我们，一个女人找错老公她一辈子就毁了，而一个男人找错太太，那他家三代都给毁了；有人告诉我们，一个国家如果科技不发达是学校教育出了问题，而如果这个国家社会风气不好，一定是家庭教育出了问题。

这一切好像都是真的，都应验了。关键是很多的家庭，孩子的状态让很多父母40岁后，生不如死！

如果真的是那样，随着时代的变革，改革开放30年后的中国，进入到全球化时代的中国，家长到底要如何变革呢？家庭教育模式到底要如何变革呢？作为父亲母亲，特别是作为主要教育者的母亲，到底要具备什么样的素质，什么样的教育思想？要建立什么样的全球思维体系，才能防患于未然呢？今天我来教你几招——

二战时期法国总统戴高乐将军，大家一定都不陌生。当他还是一个小男孩的时候，他的妈妈总是摸着他的头顶说："你的出现是让法国更伟大的！你的出现是让法国更伟大的！你的出现是让法国更伟大的！"

这句被不断重复的话，在戴高乐的心里留下了深刻的印象，这句话提升了孩子的精气神。而我们是怎么跟孩子说话的呢："快把作业做完！""快把这个鸡腿吃掉!”“你看你没出息的样子!”长此以往，我们的孩子没有梦想，没有追求，只有对父母的冷漠，对生活的厌倦，对未来的迷茫。不妨从今天开始，你也学着戴高乐的母亲，常常摸着孩子的头顶说：“你的出现是让我们家庭更伟大的！你的出现是让我们家族更伟大的！你的出现是让我们这个城市变得更伟大的！你的出现是让中华民族变得更伟大的！你的出现是让世界变得更伟大的!”

不断地重复。不管孩子什么反应，你都不断重复，重复很多年，直到他长大。

比尔·盖茨小时候跟着妈妈去听演讲，回家的路上，小比尔轻轻地嘟哝了一句：“长大了我也要像他一样。”意思是像那个演讲的老总一样。

妈妈马上蹲下来看着小比尔的眼睛说：“小比尔，你刚才说什么?”

比尔重复了一遍：“我长大了要像演讲的叔叔一样棒!”

妈妈说：“对，你长大了一定比他更棒。可是，我们想一想，叔叔跟你一样大的时候在做什么呢?”

小比尔想了想说：“他什么都懂，一定看很多书，妈妈，明天陪我去书店买书好吗?”这样，比尔·盖茨在8岁的时候就把全美国各种版本的百科全书都读完了。

比尔·盖茨决定从哈佛退学那一年，他的妈妈只问了他一句：“你将要去做的事情比上哈佛更重要、更有意义，对吗？如果是这样，尽快去做。”

妈妈甚至没有问他到底要去干什么！这真让我们这些家长们觉得不可思议，我们认为完成学业是至高无上的，而对孩子心中的梦想和未来嗤之以鼻。最后孩子们机械地读书，但不知道读书为了什么?

那天晚上，因为听了激动人心的演讲，又被妈妈亲切地鼓励，比尔·盖茨睡不着，半夜起来，端坐桌前，拿起笔，写下一行字：“我应为王”。多年后他才知道，当时扎根在他心里的这四个字的力量。那天晚上的决心是，今生无论做什么，都要成为某一行业的“王”。结果大家都知道，他做到了。

很多年前，我看过一篇文章，是一个去美国留学的中国人写的。当时作者去了美国却又不想在美国久待，想转去日本，所以就在美国报了一个学日语的补习班。

他发现班上有一位七八十岁的华裔老太太，她也报名学日语，按我们的想法，一定是这个老太太无事可干，报个老年大学消磨时间打发日子。就如我们城市里的老年大学、老干部活动中心，为老年人开设书法班、钢琴班、画画班、戏曲班等等。没曾想这个老太太学得特别认真，从不缺课，并总是带着乐趣去学，渐渐地班上的年轻人都佩服她。每到考试，老太太总考第一名，后来班上的年轻人因为缺课多，常常向老太太借笔记抄笔记。

最后作者说：我虽然不知道这位老太太是谁，但我相信，她一定是一位优秀的母亲，她一定有一群非常棒的孩子。

果然，几年以后，这位留学生发现，美国总统小布什任命的劳工部长赵小兰，就是这位老太太一群优秀的孩子中的一个，她是美国历史上第一位华裔女部长。这一切，证实了他当初的猜想——如果她有孩子，一定非常优秀。

**教育其实很简单，在中国的文字中，“教”的含义是，“上所行，下所效”，你怎么做，孩子看着学着你做。育的含义是“使之作善”，教育孩子心地善良，不怕吃亏。**

二十多年前，我刚做妈妈的时候，还没有从事教育培训，经常也对孩子讲：你看你没出息的样子，以后妈妈给你个篮子讨饭去算了！

我们之所以这样肆无忌惮、不动脑子、敢这样瞎说，是因为我们并不知道这些话会给孩子留下什么。

今天我要告诉大家结论，这些话将导致孩子的自我价值感越来越低。孩子无价值感的表现是，对什么都没有兴趣，没有上进心，得过且过，甚至有暴力倾向。

正确的做法是，去感觉你说出的每一句话的能量，以及孩子听了以后的心理反应。只有他快乐轻松才有心情做事，有心情才有干劲，有心情才有兴致。

**有一个很简单的标准，从今往后，只要你不希望在孩子身上发生的，都不要说出来。只要你希望孩子成为的，你就不断重复地说。**

比如，你不希望他不听话，你就千万不能说：你怎么这么不听话！比如，你不希望他丢三落四，你就千万不要说：你怎么这么丢三落四。比如，你希望孩子越来越好，你就说，孩子我发现你越来越棒了！比如，你希望孩子关心别人，你去发现孩子的细节之处跟孩子说，孩子我发现你越来越有爱心了！比如，你希望儿子成为男子汉，你就说，孩子我发现你越来越像男子汉了。

不是孩子做到了才说，而是经由你不断地说，孩子越来越想做到，越来越能做到。

我们都是伟大的母亲，试试看，效果一定比你期待的更好！关键是没看到结果时的坚持！坚持这样做的话，40岁以后你就等着骄傲吧，你就等着享福吧！

## 给孩子输入智慧的心灵软件

如果你的孩子将满足自己的欲望视为最重要的事，他未来的人生会怎样？你是能预见到的。不可能每个人都喜欢你的孩子。母亲的责任是一定要让孩子知道，他不是宇宙的中心，而服务于人们，服务于社会才是自己的中心。

这是一个古老的故事。

一介书生从小与母亲相依为命。

长大后被山里的狐狸精蒙蔽，不可救药地爱上了狐狸精。狐狸精跟书生说："你要是真的爱我，就去取你娘的心脏来给我吃。"

书生听罢，快步下山，回到家中，杀了母亲，挖出血红的心脏，双手捧着赶回山中。月黑风高，书生摔了一跤，母亲的心脏滚出老远。这时，只听见那心脏说话了："孩子，你摔疼了吗？"

这是惊天地、泣鬼神的母爱吗？这样的母爱留给孩子的是什么呢？身体已成人，心智未长大，满大街18岁的孩子，30岁的孩子，甚至50岁的孩子。无法面对世界，无法独自面对人生。母爱浇灌出来的是这样的苗吗？

25岁的留日学生，捅母亲九刀，因为母亲不给钱。母亲在儿子被抓起来后，宣称儿子有精神病，因为不想让他坐牢。

一个7岁的孩子上学了，老师发现这个孩子握不住笔。经医院检查，孩子肌肉萎缩。这个孩子长到7岁，从来没有自己吃过饭，一直是家人喂，小肌肉从来没有被锻炼过，没被锻炼就一定萎缩。

一件件触目惊心的事情，拷问母爱真谛。多么变态的母爱，当母爱变态到没有原则的时候，法律就出现了。菩萨畏因，众生畏果。到底种了什么因，得今天如此惨不忍睹的果。他们为什么都有一个共同点，即在该成熟时，还未成熟。

五年前，美国弗吉尼亚发生校园枪击案，赵承熙，韩国人，杀死 32 个人。遇难者墓旁，有人为赵承熙也立了碑，加害者也是受害者。分析他的成长道路，不知道他是不是变态母爱的受害者。研究生克里斯说：“他也是我们学校的学生，一共有 33 名学生死亡。我们应该公平地为所有人的死亡哀悼。”

枪声似乎毫无征兆地响起，悲剧面前，母亲的心情极其复杂。我做错了吗？我做错了什么？有人告诉我该怎样做吗？

一个孩子，输入怎样的心灵软件，输入怎样的头脑软件，才能成为“真正的人”呢？

妈妈如果常说：要自强；男子汉要勇敢；女孩子要庄重；伤天害理的事不能做；对人要微笑；凡事要宽容；吃点亏可以成长；心大一点，不要总生气；永远要善良……告诉你一个好消息，以上这些一定会漂亮地呈现在孩子未来的生命中。

妈妈如果常说：偷偷做反正没人看见；不能让自己这么倒霉，凭什么总是你吃亏啊；精明一点，防着一点；这个世道人的心眼都不好；不要相信别人，没有一个好人……告诉你一个坏消息，以上这些，你的孩子在未来的人生中都会遇到的，因为你训练了他发现这些阴暗面的眼睛。

如果你的孩子将满足自己的欲望视为最重要的事，他未来的人生会怎样？你是能预见到的。不可能每个人都喜欢你的孩子，母亲的责任是一定要让孩子知道，他不是宇宙的中心，而服务于人们，服务于社会，才是自己的中心。所以，母爱的表达是在日常生活中，耐心培育他未来独立面对社会的能力——

当你的孩子可以独自走路时，就不要再抱他了，抱他就是代替他走路。你每天拥抱他，在精神上支持他是非常必要的。走路是他体能锻炼的最重要的一步。

当你的孩子可以独立吃饭时，就让他自己吃，不要再喂他。让孩子自己选择吃多少就吃多少，千万不要担心孩子吃得太少。放眼望去，没有营养不良的只有撑坏的。

当你的孩子可以自己整理书包时，就不要再帮他理书包，不要为他补漏洞，不要为他送他忘带的书。让他自己慢慢认知重要性后自己补漏洞，连提醒都不要。

当你的孩子可以自己整理房间时，就别再帮他理房间，你一定有一段煎熬的过程，但一定要忍下来，忍着让他由被动收拾变为主动收拾。相信我，你一定能等到那一天。

当你的孩子会自己去学校的时候，就绝不要送，培养他自己坐公交车、自己坐地铁的习惯。特别提醒的是不可以用父母的公车接送孩子，因为这样的特权随着社会的民主进步，在他长大的时候一定不复存在了，他会无比失落的。

**孩子的问题，一大半是因为家长的过度关注，过度代替造成的。**

母亲培育孩子的方式，要用社会的眼光来看。请你想一想，一个成绩一般，但懂礼貌，情绪管理能力强，生活能力强的孩子和一个成绩优秀，不懂事，没礼貌，生活能力差的孩子，你要选择哪一个，哪一个未来发展更好？

请每一位母亲，每天关掉电视，躺在床上，想 20 分钟——孩子真正需要的是什么？孩子走上社会真正需要的是什么？什么样的人永远不会下岗？什么样的人在企业里不可替代？什么样的人创业能成功？你一定有答案的，把答案写下来，每两个月培养其中一条。

# 爱孩子是需要学习的

当你发现你的孩子，说话跟人眼睛不对视，头发留得很长，把其中一只眼睛都遮住了，你应该意识到，是该重视孩子的心理状态的时候了。

我的生活经历当中，有一个让我到现在想起来都唏嘘不已的案例。

我有一个同学，一位四十多岁的女性，身份特殊，她是中国最大的一个少管所的心理医生。

那正是我转型的时候，准备舍弃国企转到教育培训上，所以，特别希望多了解这方面的案例。我一直找机会与她探讨，每次探讨，我都忍不住泪流满面。听着听着，我的心被撕烂了，揪碎了，几天都无法睡觉，无法吃饭，心情沉重。

这位老师所在的中国最大的少管所里面，有1400多个孩子，说它大，是因为关押的孩子最多，而且都是重刑犯。

什么叫重刑犯?

1400个孩子里面，80%都是杀人犯，65%是强奸杀人犯，50%是又杀人又强奸又抢劫。这些孩子的年龄，都在14周岁到18周岁之间，男孩子占95%以上，单亲家庭的孩子占70%以上。里面有很大一群孩子进去了就永远不会再出来了，他们的人生将只会有一个变化。

什么变化?

满18周岁的时候，被送往成人监狱。

我们一定能回想起，十多年前，在家人的期盼等待中，孩子呱呱落地，顺利地来到了这个世界上，进入各自的家庭时，父母的开心、激动，准备好了一切，迎接他的到来。但是，仅仅过了14年、15年，最多就是18年，他就被关到这里来了，而且再也不会出来。

到底发生了什么呢？我们来找一下这里面的原因。

老师告诉我，每一个孩子进来，她都会对孩子进行五到十次的心理辅导。可是，大家知道吗？这是多么艰难的心理辅导，做心理辅导的前三次，老师都不知道这个孩子长什么样？

为什么？面对面谈话都没看见他长什么样吗？

是的，所有的孩子跟老师沟通的时候，都是低着头的，整个过程都不抬头看人，以至于坐在对面的老师都看不清他的脸。

孩子因为没有自信，也知道自己犯了很大的罪，他没有办法用眼光跟人交流。就这样，前三次的话都很简单，孩子的回答通常就几个字。

当你发现你的孩子，说话跟人眼睛不对视，头发留得很长，把其中一只眼睛都遮住了，你应该意识到，是该重视孩子的心理状态的时候了。

等到第四次、第五次的心理疏导，孩子终于抬头了。抬起头来，甩甩头发，眼泪汪汪地说第一句话，每个孩子说的几乎一样：

“老师，为什么你不是我的妈妈？”

“老师，为什么我的妈妈不像你？”

“老师，你能不能给我机会出去，我出去不做坏事了，我出去赎罪。”

“老师，我知道做错了，我能出去吗？”

“老师，小时候，我的爸爸妈妈不停地吵架。我很害怕，我就躲在被子里捂着耳朵。”

“我怎么样做，爸爸妈妈才不吵架？”

“我怎么样做，爸爸妈妈才不离婚？”

“我要考多少分，他们才满意？”

……

听这样的话，你觉得心酸吗？

孩子还回忆到——很小的时候，也不知道自己做了什么，比如说过年的时候，新衣服脏了，妈妈就会说：“怎么新衣服又脏了，你这个败家子。”

有时候，考试成绩不好，妈妈就说：“你将来不会有出息的，看你这种样子下去，总有一天会被抓起来！”

我在这里，求求各位家长了，这样的话就是咬破嘴唇也不能说。以前说过的，请立即停止。不光是停止，要找机会询问孩子："妈妈曾经说过什么让你觉得伤心难过的话吗？"

因为你不知道，这些话给孩子心里留下什么？

孩子被训斥，自我价值感越来越低。

这个案例事隔多年，现在想起来，都心情沉重。一双双孩子的眼睛，似乎一直在眼前，每一双眼睛都在述说着他们可怜的十多年的人生。特别是孩子们说的话久久萦绕，无法离去：

"为什么他们总是在我睡着时吵架，吵得不可开交。我没睡着，我害怕。"

"爸爸妈妈你们为什么要结婚，为什么要生下我？为什么生下我又不管我？"

"为什么一不开心就离婚？一离婚又结婚，两边都不要我？"

"为什么我不懂的时候犯的罪，一辈子也洗刷不了呢？"

孩子的这些话语，闭上眼睛就在我的脑海里围绕。请问如果是你，你将如何回答孩子的这些问题呢？

你说，妈妈只要心情不好，讲话就极端，没想到，孩子，你这么往心里去，对吗？你说，妈妈不知道一些话说得太重了，伤害了你，我不知道啊，对吗？

是啊，没有人教我们如何做母亲，没有人教我们如何教孩子，没有人教我们如何做榜样，也没有人教我们如何经营家庭。我们只有那么多的理由和借口，可理由和借口能帮助我们走出困境吗？不会。

什么都没有，我们可以有优秀的态度。不会没关系，不懂没关系，没做过也没关系，我们只要做态度的优等生就行了，一切的困难在态度优等生面前，再大的困难也是暂时的，再多的不懂都可以找到答案。不是吗？

智慧就在那里。网络上、书店里，排满了，智慧召唤我们很久了。去寻找智慧吧，特别当你做了爸爸，做了妈妈的时候。

# 十八年，把孩子孵化成人

18年所造成的人与人之间的差异到底有多大呢？你只要看一看每天的电视新闻、报纸就知道了。有的事，用触目惊心、闻所未闻不为过；有的事，用倍感欣慰、荡气回肠也不为过。而差异的原因，不是因为爸爸妈妈们喂入孩子嘴里的食物不一样，而是因为爸爸妈妈们喂入孩子心中、脑中的“食物”不一样。

家是孵化精神和灵魂的道场。亲爱的父母，请用触摸孩子生命的方式，并用整整18年的时间，把孩子孵化成人，好吗？

18年，重点孵化什么？孵化精神和灵魂！

精神和灵魂到底是什么？

——培养孩子对生命的热爱，营造美好的氛围，让孩子觉得活着是无比美好的事情。

——培养孩子追求幸福人生的勇气，让孩子觉得真正的幸福不是他人给的，而是在自己的努力下争取来的，有成就感，才会有幸福感。

——培养孩子心中永远怀着目标，并愿意为目标做持续的努力，最后享受达到目标后的满足。

——家庭教育就是人品教育、情商教育、勇气教育和尊严教育，这就是精神和灵魂。

18年所造成的人与人之间的差异到底有多大呢？你只要看一看每天的电视新闻、报纸就知道了。有的事，用触目惊心、闻所未闻不为过；有的事，用倍感欣慰、荡气回肠也不为过。而差异的原因，不是因为爸爸妈妈们喂入孩子嘴里的食物不一样，而是因为爸爸妈妈们喂入孩子心中、脑中的“食物”不一样。

所有的大问题都是从被你忽视的小问题开始的。而那被你忽视的小问题，不是指你哪一天让他饿着了，哪一天让他冻着了，哪一天没有完成作业，而是孩子心理感受的一天天的积累。

人一如电脑，孩子出生代表“硬件”已完备，而运行软件，需要用 18 年的时间编制和输入。人的软件，是由信念、梦想、意志、人格、勇气、文化素养等等，组成的思维意识系统。

软件编制后，按着软件的运行，孩子就成为怎样的人。为什么他放纵自己，因为没有一个爱自己的软件；为什么他藐视父母，因为没有一个孝道软件；为什么他学习不认真不专注，因为没有一个为自己一辈子负责的软件；为什么染上网瘾或离家出走，因为没有一个纪律软件；为什么动不动就发火情绪化，因为没有一个尊重软件……

普通人心中没有一个正常运行的程序会怎么样？有人学了很多，但没有形成软件，更没有用出来。

**软件的输入，在孩子的 18 年成长过程中，不是一次两次，一时半会儿的事。家长要不断观察和总结，看他对软件的使用，是否渐渐得心应手、顺理成章、自觉自愿，并且不是在你的看管下，也不是他刻意做到。**

正如《不抱怨的世界》中所说，戒除抱怨分四个阶段，在我看来，这跟戒烟一样。第一阶段，无意识的无能；第二阶段，有意识的无能；第三阶段，有意识的有能；第四阶段，无意识的有能。

无意识的无能，意即，你不知道自己在抱怨，不知道自己在抱怨，当然也无法阻止自己抱怨。就像有的人一根一根抽烟，这是下意识的动作，并不是自己多么需要烟，只是习惯成自然的动作。

有意识的无能，意即，知道自己在抱怨，但兴之所至，无法叫停，只是抱怨的气焰比以往小了。同样，抽烟的人开始明白，抽烟有害健康，我要比昨天少抽一些，不能像以前那样，一根一根地连续抽，不能做肝癌候选人，但时不时抽起来，就按捺不住。

有意识的有能，意即，当抱怨即将发生时，自己知道，我有抱怨的情绪，告诉自己，我不抱怨，我要戒抱怨，能够被自己抑制住。抽烟的人，在这个阶段，想到烟时，拿起烟时，会想一想，要不要抽，要不要控制自己，最后控制自己不抽，转移注意力。

无意识的有能，意即，抱怨的习惯已经完全戒了，自然而然地积极向上，不需要提醒自己要停止抱怨，不抱怨的习惯已经进入无意识状态。抽烟的人，已经不抽了，连念头也没有了，所以不再需要提醒自己不要抽烟，兴趣和注意力完全转移到了创造性的事情上了。

家长通过对孩子 18 年来的培养，让孩子建立起一切为人处世的崇高底线，达到随心所欲不逾矩。

**智慧的家长就是以他们的爱、自由、祥和、博大，创造一个美好的家庭氛围，让孩子在这样的环境里学习、成长。**

什么是成功的教育，就是当这个孩子满 18 周岁的时候，他是这个社会的一个和谐的、支持的分子，而不是这个社会的祸害，这就是教育成功的衡量标准。

一个母亲不是用 9 个月的时间来孕育孵化，而是用 18 年的时间来孕育孵化一个孩子的成长。这个世界上没有任何一项伟大的工程，比培养出一个优秀的孩子来得更伟大。任何一个成功人士，都没有办法用自己的成功来弥补自己在孩子教育上的失败。

18 年，6570 天，这段时间，是夫妻一辈子共渡的生活中一个特殊的时期。每一天，经营家庭的重点，是经营家庭氛围，经营孩子每一天的状态。

胎儿期孵化的重点工作是宁静和祥和；1 至 6 岁孵化的重点工作是习惯和礼貌；7 到 14 岁孵化的重点工作是爱上书，确立梦想；叛逆期孵化的重点工作是情绪管理，勇于表达和沟通；高中阶段孵化的重点工作是专注和意志力；大学期间孵化的重点工作是接触社会，与人相处，学习演讲和管理。

**在这 18 年中，人格、精神的培育是关键，而学习成绩是培育孩子中很小的一部分。家长千万不能为了成绩，而摧毁了孩子与生俱来的梦想。**等孩子 18 岁离开家时，他已经具足精神和魂魄，具足持续成长的能力了，你不用怕，放他飞吧。

# 第二章　孩子成长需要什么

孩子成长需要什么？这个问题，家长要花一点时间来思考。

其实，从灵魂学的层面上讲，看着孩子成长，你要做的事并不多。因为，一切未来需要的能力，孩子都与生俱来。家长只是要保证这些与生俱来的能力，在你所营造的环境中自然而健康地生长就行了。

一句话，宽松的氛围，鼓励的眼神，带领的行为，孩子成长最需要！

# 创造愉快的家庭时光

因爸烧的糖醋排骨、红烧黄鱼、清蒸带鱼最好吃，因吃得咂咂有声；因妈烧的苋菜鸡肉羹、爆炒蛏子和韭菜馄饨最好吃，因吃剩下的没带到学校去，会后悔一个月。中秋节之前，因发短信回来说：“妈妈，中秋节，您在家吗？女儿已经枯竭了，需要韭菜馄饨滋补。”千里之外，能感觉她的灿烂情绪。

愉快的家庭时光，在孩子成长道路上，你给了他多少呢？在他的脑海里，又留下了多少幅愉快的家庭时光的美好画面呢？有多少记忆能在孩子前途渺茫、徘徊沮丧的时候被想起呢？

有意识地创造愉快的家庭时光，请养成这个习惯。

一家三口一起在周末的上午，去菜市场买菜，爸爸喜欢吃什么？能烧的拿手菜是什么？妈妈喜欢吃什么？能烧的拿手菜是什么？孩子喜欢吃什么？能烧的拿手菜是什么？爷爷奶奶喜欢吃什么？外婆外公喜欢吃什么？一家人之间，喜欢吃什么互相之间都是有了解的。

孩子从小跟着，看着菜场的菜，如何变成碗里的菜，孩子会有深刻记忆。将这样的画面，留在孩子心中。

讲到这里的时候，是不是有些家长会产生疑问：三个人一起去买菜，是不是太浪费劳动力了，太浪费生产力了？

你要那么多生产力干吗？你要那么多劳动力干吗？你要的是愉快的家庭氛围，整个家庭的共同记忆。

建议各位家长，你需要在你的厨艺当中，找出三到五个拿手菜，这几个菜，有妈妈的味道，孩子今后走遍天下，他都觉得还是我妈妈烧的那个土豆丝炒青椒最好吃。爸爸也一样，同样找出三到五个拿手菜，这几个菜，有爸爸的味道。爸爸不会的话，要偷偷学艺呵。尽快学好呈现出来，意义无限。

囡爸烧的糖醋排骨、红烧黄鱼、清蒸带鱼最好吃，囡吃得咂咂有声；囡妈烧的苋菜鸡肉羹、爆炒蛏子和韭菜馄饨最好吃，囡吃剩下的没带到学校去，会后悔一个月。中秋节之前，囡发短信回来说："妈妈，中秋节，您在家吗，女儿已经枯竭了，需要韭菜馄饨滋补。"千里之外，能感觉她的灿烂情绪。

期待回家，向往家庭，因为脑海里留着很多愉快的家庭时光画面。

"我才不要到饭店去吃饭，饭店做的饭哪有我爸爸做得好吃，我什么时候要请你们到我家，吃我爸爸做的葱炒鲫鱼。"孩子这样说，你一定做对了。

一个孩子跟我说："老师，我妈妈整天在家里搓麻将，家里只有一个桌子，我要做作业，妈妈让我趴在床上做作业，不要烦她。"

这样的画面，请不要留在孩子心中，如果有了，用你的行动作橡皮擦，一点一点用力把它擦掉。

曾经有一篇征文，我一直保留。写这篇文章的孩子上小学三年级，得奖了。但是，没有办法领奖，因为文章没有署名。如果署名并领奖，回家后，不知道会被妈妈打，还是能让妈妈顿悟。

## 打麻将的妈妈

三万、八条……妈妈又在客厅里打麻将了，此时的我已无心再做作业了，一股无名的恨从心头升起。我恨她，恨这个爱打麻将的妈妈，妈妈为了打麻将，竟然不顾我学习、不顾我吃饭。

一次测验我得了满分，我满心欢喜地把试卷带回家，想让妈妈高兴高兴、表扬表扬。但是，在麻将桌上的妈妈，竟然不屑一顾地说："嗯，还行，不要骄傲！"她随手扔给我一张十元钱，说："这是我昨天打麻将赢的，给你作个奖励吧。"

我气得当时就把钱撕成两半，伤心地哭了！

在青少年领袖训练营上，我不止一次与这样的孩子交谈，通常孩子跟我讲：妈妈整天打麻将，到吃饭的时候就扔给我几块钱，让我自己去买饭吃。她可以一整天都在打麻将。我有不会的作业去问她，她看也不看，让我一边去，不要影响她。她怎么可以这么过日子呢？她怎么可以这么没有追求呢？

太多的爸爸妈妈，创造一些东西，但不经营它。

比如生孩子，我们创造生命，但是，我们不经营生命，孩子就如一亩地，你没有好好耕种，但你期待收成。当你什么也不种，一样会长东西，长什么呢？不说你也知道：长杂草，杂草丛生。这样的收成你当然不会满意，可你并不承认自己没有好好耕种、没有好好经营。

比如买房，创造财富买房子装修房子，但是不经营家庭，不经营家庭关系，渐渐地，房子还是房子，却无法变成温暖的场所，家人的心无法在此停留。

长此以往，拥有孩子但不尽如人意，拥有房子但没有家的感觉，任其自生自灭。这样的拥有，不再是恩典，而变成了负担。

人生的经营，以一辈子为期限，幼时播种，全盘筹划，起点，以美好的家庭时光开始。

全家人一起去韩国，回国途中，囡说："妈妈，我觉得韩国人确实有权申请端午节为他们的文化遗产。"我吓一跳，心想，来韩国的目的，可不是要让你这娃得出这样的结论啊。

瞪大眼睛，问囡："为什么？五天韩国行，何以得出这种结论？"

"妈妈，你没看见，韩国人多重视端午节啊，他们家家包粽子，一大家子人，穿着民族服装，围坐大桌前，孩子在脚边跑来跑去，七手八脚、有说有笑地一起包粽子，多美好啊。我们都是超市买现成的，多不美好啊。继承文化遗产，必须有全民意识，他们做到了，我们丢得差不多了。"

囡看着我，带着近乎责备的眼神说："妈妈，你想一想，我从小到大，你从来没有带着我一起包粽子，从来没有，一次也没有。所以，至今我还不会包粽子。"

我的脑袋立刻快速地转动了起来，快速转动不是想我有没有带着囡包过粽子，而是想我妈妈有没有带着我包过粽子。想了一圈，可以确认，我妈妈从来没有带着我包过粽子，我从来没有看见过我妈妈包粽子。

这幅家庭画面缺失，缺了两代了。看都无法看到，又要如何复制。再缺几代，就找不到踪影了。

内疚，内疚。赶紧去书店买了两本书，先学着，明年一定带一大家子人，一起包粽子，摊饼子。我承诺，在此，请各位监督我。

# 怎样让孩子喜欢读书

他的生源是十里八乡被学校除名的孩子，孩子被除名了，年龄却还小，家长就拎着孩子的耳朵，到朱老师那里报到。朱老师严格，每天上午6点准时上课，下午6点下课，全天候读圣贤书，让孩子摇头晃脑地读，不讲解也不分析，读得不好用戒尺敲头。

怎样让孩子喜欢读书？从十月怀胎开始就给他读书！

十月怀胎，妈妈或爸爸天天给胎儿读半小时书，除了暴力的，什么都可以读！十月怀胎中，最好读完一部百科全书。这样的孩子长大，有一天，你一定可以骄傲地跟别人说：因为啊，我的孩子在肚子里就开始读书了！

0～3岁，家长要在每天睡前给孩子读书，读美丽的童话、优美的散文。每天捧着书读的人，尽量是同一个人。这个年龄，是孩子建立安全感最重要的阶段。0～3岁的孩子，必须固定一个主要养育者，不能经常更换。

美国的一个机构，曾经做过多年的研究。研究机构进驻两个0～3岁的孤儿收养所，一家的孩子固定一位亲切慈祥的阿姨看护，另一个每天换一位亲切慈祥的阿姨看护。三个月后，两家机构的孩子大脑发育完全不同，第一家远比第二家的孩子智力发育得好。

事实充分证明，这个年龄的孩子，熟悉的面孔促进孩子建立安全感，安全感帮助孩子智力发育。

3～6岁，孩子的房间随手够得到的地方，要放大量的书。晚上睡觉，以不注意听不清的音量，在孩子房间放古典音乐、成语故事朗诵或英语朗诵。

有的教育家说得非常极端，在5～6岁的时候，你的孩子是在读唐诗，还是在看电视，还是在电脑前，还是在街上玩，他的一生已经定了！

5～10岁，睡前每天给孩子讲故事，但不要讲完，当孩子问：妈妈，后来怎么样了啊，结果怎么样了啊的时候，你就扔书给他，跟他说，自己去读，精彩的结果在书上。

囡小时候，我给她讲七个小矮人跟白雪公主的故事，讲到最重要的时候不讲了，跟囡说："明天讲好不好?"

囡："不好不好，现在讲!"

"现在离你睡觉还有半个小时，要不你自己看吧，妈妈有事了，去做事了。"

这样做，只为让孩子产生一个感觉，哇！书上有好玩的东西，你看妈妈讲那么多精彩的故事，都在书上。妈妈没时间讲完，我自己翻书，看看能不能找到答案，于是孩子就开始读书。

**家长要有智慧地引导你的孩子，让他爱书。但一定不是自己一边搓麻将一边跟孩子说：好好看书，好好读书，这样做的结果可想而知。**一定会有一天，你焦虑地跟老师说：没办法，我一直叫他看书，他就是不看，我没有办法。

如果你的孩子稍大了，即没有在5～10岁的时候，让他爱上看书，怎么办?

请你在孩子看书做作业的时候，千万不要在一旁说：字怎么写得那么难看啊？怎么这么坐没坐相啊？人怎么弯着啊？眼睛要离开书本远一点啊！笔要拿得好一点啊！做作业怎么能听音乐呢？你到底是在做作业还是在听音乐啊？作业怎么做得那么慢啊？听得让人烦死了。告诉你，只要他做作业，你就安静，不烦他。

至于他正着看、弯着看还是躺着看，随便；边听音乐边做作业，可以；做会儿作业看会儿小说，忍受。反正只要是看书，只要是做作业，你怎么都接受，不挑刺。

但当他打游戏、看电视，你就盯着他，烦他，跟他说以下的话：怎么可以离电视这么近？赶紧把腰挺直，一刻也不可以弯下来，要弯下来就去看书，看书可以弯下来；这么爱看电视就专心看，不能一边看一边吃东西；打游戏就专心打，不要翘着腿；每次游戏必须记录分数和成绩，打完后，写一篇分析文章，为什么分数忽高忽低，800字，两天后交给我。

总之，一看书，就放松对他的要求，一玩就严格要求。

这里，我要对家长再多提一个要求，如果你希望孩子有大成就的话，请带着孩子读些经典。

我们总是把老祖宗的文化说成是中国传统文化，今天，你把“传统”两个字去掉。我们所学的是中国文化。日本人在浩瀚的中国文化中，只读懂了“禅宗”，就让日本民族雄居世界经济强国之列。可见中国文化里有着无穷无尽的智慧和能量，它帮助我们认知生命，丰富生命，教导我们稳稳地度过人生。

大概在两年前，中国的最后一位私塾先生朱先生去世，享年 88 岁。他是安徽人，在安徽做了一辈子的私塾先生，解放前做、解放后做、“文化大革命”时期做、改革开放时期也做。为他送葬的队伍绵延好几里。队伍里，有显赫的政府官员，有当地商界巨头，有教育界名人，有普通百姓。

你肯定会问：他在“文化大革命”时做私塾老师，改革开放了，还在做私塾老师，他的生源哪里来呢？

他的生源是十里八乡被学校除名的孩子，孩子被除名了，年龄却还小，家长就拎着孩子的耳朵，到朱老师那里报到。朱老师严格，每天上午 6 点准时上课，下午 6 点下课，全天候读圣贤书，让孩子摇头晃脑地读，不讲解也不分析，读得不好用戒尺敲头。

一段时间以后，孩子变了，大变，学校通过考察，愿意重新接受孩子上学。最长的，在朱老师的私塾里待了三年，复学了。

最重要的是，若干年以后，这些孩子都发展得很好，很不平凡。也许你觉得真不可思议，其实没什么不可思议的，这就是中国文化的力量。因为你对中国文化太不了解了，才有这样的疑问。中国一位著名主持人曾说，中国文化学历很高，学三个月，相当于小学毕业，学半年，相当于高中毕业，学一年相当于大学毕业，学两年相当于博士了。

但愿朱老师的离去，没有带走这一切。

没学过《弟子规》就做父母，没学过《了凡四训》就经营企业，没学过《道德经》《心经》就做老师，没学过《金刚经》就说社会不公，你还真大胆。

孩子要补课，家长也要补课；员工要补课，企业家也要补课；政府办事机构要补课，各级领导也要补课；小的要补课，老的也要补课。

回来补课！赶紧的！

# 孩子成绩不好怎么办

成绩不好不要怕，亲爱的爸爸妈妈们，想一想成绩好的孩子来不及建立的东西是什么？他们可能缺乏的东西是什么？他们认为不重要的东西是什么？在成绩好的光环下，容易被他们遗忘的那些东西是什么？

不是每个孩子都能成绩好，我说的是学校教育的分数。

人类大脑的十项脑区功能中，数字序列、逻辑思考、空间理解、长期记忆、短期记忆这些脑区功能强的，才可能学习成绩好，特别是容易把数理化学好。但是，就算这些脑区功能强大，如果恰好不喜欢任课老师，也可能得不到好成绩；如果家庭学习环境不好，也可能得不到好成绩；如果情绪不好，经常被情绪控制，也可能得不到好成绩。即使全力以赴、两耳不闻窗外事，搞好了成绩，那也只是记得一点知识，不代表未来能成功。

所以，孩子成绩不好，先看看是不是学习习惯不好，不爱读书，或者是没有对学习这件事负起责任。这跟孩子 5～10 岁时的家庭书卷氛围有关，5～10 岁是一个孩子建立学习习惯、建立自我管理能力的最佳时期。时机过了，也许很难再爱上看书这件事。

孩子成绩不好，应该检讨的是家长。

家长坐在那里看书，对 5～10 岁的孩子来说，很重要。

如果这个时期的孩子没有建立起爱书的习惯，到叛逆期就会很危险。因为，当孩子到了叛逆期，家长一定会想方设法阻挠孩子长时间上网或看电视，孩子没有更有趣的事情来填补上网或看电视的时间，那要真正把他从网上拉出来就困难了。

其次再看看学习成绩不好，或者偏科，是不是因为不喜欢任课老师。一些孩子跟任课老师不和，内心有抵触情绪，那么，即使他这项脑区功能强大，也不大可能学出好成绩。老师因为太忙、压力大，跟孩子互动的方法简单，老师又对成绩好的孩子有明显的偏向，对成绩不好的不能充分启发、积极带动，这样，本来可以学好的孩子被荒废了。

家长要学会问问题，问孩子：是不是不喜欢这门课？是不是不喜欢任课老师？为什么不喜欢？老师教的这门课长大了有没有用？有用的话要不要跟老师赌气？不是问一次，问两次。一个软件的输入要 21 天。

北师大第二附属中学的纪连海老师，经常在《百家讲坛》上讲历史。有一年，他班里的同学，无一例外，全部报考大学历史系。

纪连海老师很诧异，便问同学们："该考什么专业考什么专业，为什么全部都考历史系啊？"

同学们说："我就是喜欢历史，因为研究历史太有意思了。"从正常的比例上来讲，不可能全班碰巧都对历史有特殊喜好。应该说，是纪老师把历史讲得太生动、太有趣、太有意义了，同学们才纷纷爱上了历史。

孩子喜欢有趣的老师，还是一本正经的老师？纪老师爱职业、爱历史，轻松有趣，治学精益求精。在此，请允许我表达对纪老师最崇高的敬意。

最后，再看看孩子成绩不好，是不是因为有一个强劲的课外爱好，一个让他魂牵梦萦的爱好。因为这个爱好，在时间的分配上缺乏主次。家长要帮助孩子做时间管理，懂得主次，有序分配时间。

**注意，课外爱好，不是要被扼杀的，而是要被鼓励的。家长不能只看眼前，来帮助孩子寻找未来的职业。什么都可以成为职业，有些职业目前闻所未闻，而将来会出现。**比如，以前没有计算机程序员，没有心理咨询师，也没有婚姻家庭咨询师等职业，而现在这些都是好职业。家长不用着急，不要因为几分成绩，而损害孩子未来的发展。

即使真的智商低，无法学好学校的功课，那又如何。一般先天智商低的，情商不会低，将来有的是职业可以选择。改革开放的现实表明，关乎智商的职业很容易被机器所代替；关乎情商的职业，比如服务业、创意产业，未来发展势头强劲，永远也不可能被机器代替。

问一问自己——孩子成绩不好，你生气、着急、训斥孩子、打骂孩子，你到底在怕什么？

怕他将来没有饭吃？怕你自己没面子？怕考不好需要多花钱走后门？你到底在怕什么？

孩子几门课不好，看你，都扭曲了，都变形了，到底为什么呀？上大学是人生的目的吗？拿到名牌大学的文凭是人生的目的吗？还是拿到大学文凭找到一个好工作是人生的目的？不要先折磨孩子，想明白了再说。

中国企业家协会有一千多个企业家，北大清华复旦毕业的还不到二十个，剩下的全是普通高校毕业的，甚至有的还是农民、工人、大专生、中专生等等，但他们都成了成功的企业家。

所以，学历只决定人生的一部分，不是一切。

成绩不好不要怕，亲爱的爸爸妈妈们，想一想成绩好的孩子来不及建立的东西是什么？他们可能缺乏的东西是什么？他们认为不重要的东西是什么？在成绩好的光环下，容易被他们遗忘的那些东西是什么？

也许是勇气，也许是自信，也许是谦卑，也许是爱，也许是沟通能力，也许是脚踏实地，也许是演讲能力，也许是领导力，也许是亲和力，也许是现代管理能力，也许是创新能力，也许是……

这些啊，全部重要，极其重要。尽快开始，尽快开始培养你的孩子吧！你的孩子会笑到最后的，你的孩子会让你笑到最后的。

# 决不放弃

因，好久——看着我！噙着眼泪，说：“妈妈，那我再弹一段时间，但是，我有个要求，我弹得不好的时候，你不要骂我，不要批评我。”

纪伯伦说：“除非通过黑夜的道路，否则人们无法到达黎明。”

只要坚持得足够长久，我们都能心想事成。可是，似乎没有一个孩子出生时，会有专心的天赋和不放弃的天赋。我们最大的弱点就是放弃，放弃就是被自己打败了，而成功却只有一个秘密——决不，决不放弃。

上帝不会忘记一只鸟，上帝会给每一只鸟食物，但不会把食物扔进鸟巢。上帝总是把东西放置很远，要找，要坚持，要有惊人的毅力，要不，你会饿死，凭什么成功？

二战时的英国首相丘吉尔，生命中最后一次演讲是在一所大学的毕业典礼上。从古至今，丘吉尔首相的这次演讲大概是演讲史上最简洁的一次。20分钟的演讲中，丘吉尔只说了一句话，共十个字：“决不——决不——决不——决不放弃！”

台下的毕业生被他这句简单而有力的话，深深地震撼住了。在二战最惨烈的时候，大不列颠凭借这种精神避免国家成为一片焦土，丘吉尔用十个字告诉我们，成功没有秘诀，如果有的话，那就是：坚持到底，决不放弃。

我们有很多家长的做法是这样的，暑假来到之前，积极认真地带着孩子到少年宫去报名学几样东西。家长认为这些是业余爱好，学不好也没关系，比如报个二胡班，拉不好也没关系，反正今后不会指着二胡吃饭，就是让孩子弹着玩而已。

可是，问题发生了，问题就是放弃，谁说拉不好没有关系！半途而废的习惯从此养成了。

可是一旦开始学，就要坚持，真的很难。

囡幼儿园中班的时候，就开始学钢琴。钢琴真是难学的东西，折磨和考验家长的耐心。

听到了钢琴声，看到了比自己还小的小朋友弹钢琴，囡自己要求学习钢琴。买钢琴前打了“地基”：“钢琴很贵，选择了就不能放弃。”囡似懂非懂。

我是主张从小学习一门艺术爱好的。觉得长大了心里烦闷的时候，有压力的时候，打一打球，弹一弹琴就过去了，情绪有出口，不会长时间累积。而且，人生还可以过得小资一些、丰富优雅一些。

但是，一个月后，囡就不愿意弹下去了！

如何让她坚持而不放弃，成为棘手的事。开头比较粗暴，拿个尺子站在钢琴旁边，敲敲钢琴，厉声说：“要放弃吗？没有学会就要放弃吗？”

没多久，囡跟我谈话：“妈，你叫我做什么都可以，我就是不弹琴了，我什么事都可以听你的，但是这个你听我的，不弹琴了！”

我听了很生气，想揍她，好不容易做到平静下来，咬着牙对囡说：“好啊，今天不弹了，我们不弹了，放假，今天放假。收好琴来跟妈妈玩念口诀的游戏，好不好？”

我们两个人，面对面，膝盖碰膝盖：“来，跟妈妈念口诀：成功等于勤奋加坚持，成功等于勤奋加坚持，成功等于勤奋加坚持……”十遍念完，囡自己打开琴盖，去弹了。

没几天，又不行了，又要放弃了，坚持不了了：“妈妈，我想想还是弹不下去。我可以不弹吗？”

“可以，认真弹琴、爱弹琴的囡是我的女儿；不喜欢弹琴、不爱弹琴的囡也是我的女儿；放弃弹琴、永远不弹琴了的囡还是我的女儿。”

讲这句话是要有勇气的，是要有力量的，家长很难讲出来。但是，真的，咬咬牙跺跺脚也要讲，我接着说：“可是，妈妈不相信，你就在这里，放弃了，没弹出成绩就放弃了。”跟囡面对面，眼睛看着眼睛，这样的话，我说了好几遍。

囡又去弹了。

有时候，变着法子让囡弹。周末的下午，跟囡说：“爸爸妈妈坐在沙发上，喝咖啡，你能不能弹三个曲子，让爸爸妈妈享受一下，放松一下，感觉就像在五星级咖啡厅里一样，喝着咖啡，还有人伴奏。”

囡欣然答应，一连弹了很多曲子，每弹一曲，我和老公起立鼓掌，欢呼：“弹得真棒，真美，高档享受，高档享受。”

隔一段时间，故态复萌，囡又不想弹了，这一次没以前坚决。

我跟囡说：“好啊，那明天，妈妈就把这个琴卖掉，明天，这里就空空荡荡的了。你同意吗？我不相信，你就在这个点上停止了，就不再继续了，就放弃了，真的吗？妈妈不相信！”

囡，好久——看着我！噙着眼泪，说：“妈妈，那我再弹一段时间，但是，我有个要求，我弹得不好的时候，你不要骂我，不要批评我。”

我赶紧说：“好啊好啊，你就带着轻松快乐的情绪去弹。”

囡幼儿园中班开始弹琴，弹得越来越有成就感，但从来没有考过级，因为我答应她轻轻松松、快快乐乐，享受着坚持着弹，没有其他要求。

事情没有完。

等到囡上大学了，琴放在家里，没人用。一天，我心血来潮，到我家附近一个艺术学校报名，要学钢琴。先付半年的学费，一堂课50分钟，60块人民币，每周去一趟学校上课，每天回来必须练两小时琴。

囡回来，看见我在练琴，很惊讶：“妈，你在学钢琴？”

“对呀，我在练音阶。弹一段给你听。”

“啊，不错不错。学得不错，也够快。妈，你天才！才两个礼拜你就弹那么好了。”

隔两个礼拜，囡又回来了：“妈，你弹得怎么样了，给我汇报演出一下，弹弹，弹弹。”

“最近没有怎么练，我弹给你听。”

“还行，不错、不错，天才，妈妈是天才！”

隔了一个半月，弹琴热情陡减，理由呢，其实是借口：我今天好累，算了不弹了，先睡觉，明天多弹一会儿。每天这样跟自己说。真的，做父母的自己要成长。没有经历我不知道，原来弹琴是多么难以坚持的一件事。

两个月后，囡放假了：“妈，看钢琴的样子，你应该至少有半个月没有弹了，我说得没错吧？”囡看见琴上有层灰。

“对呀，最近比较忙。”

“妈妈，不要找借口啊！弹琴本来就不是一般人能够坚持的。你刚刚报名的那一段时间弹得很好，可我一点儿都没有高兴，我在想，旁边没有一个人，拿着一把尺的话，几乎没有人可能会把琴学好。没有一个人管着你、带着你、要求着你，监督着你，你怎么可能把琴学好？”

我的心里一直挂着弹琴的事，但最终没有坚持下来。我是个反面教材。家长的放弃行为，还有很多。比如，下雨就不去听一个免费演讲了，冬天的早晨起不来床了，不带孩子去公园了。半途而废的例子多了去了。

好消息是，我们终于可以冷静地体会到，**带孩子不能简单粗暴，孩子不能管得太死、太紧。家长要变着法，要开发一些新鲜方法，帮助孩子坚持下去。如果孩子坚持不下去，再多找些方法吧。方法中要有智慧，有乐趣，有挑战。**

另外一个方法是，不管是学游泳，学画画，还是学英语，让他自己选择，他自己选择的，轻易不会放弃。**记得，让他自己选择，并跟他说，选择了就不能随随便便放弃！**

一年高考作文，是看图作文：一个人挖井，还没出水，就放弃了。一辈子挖了几十口井，都没有出水。而另一个人，挖了一口井，坚持挖下去，直到出水。

很多人在快要达到成功的时候放弃，他们在离目标只有一码的距离时走开了。我们现在明白，只要不放弃，失败的次数越多，成功的机会亦越近，成功一定是最后一分钟来访的客人。

让孩子坚持，不放弃，对于他的未来，到底有多么重要，无法估量。

正如荷花，穿越污泥需要时间，穿越的时间还真的要够久。终于有一天，那荷花穿越了污泥，一尘不染地盛开在河塘上。

谢谢你——荷花，因为你不放弃的坚持，让我们看到了成为冰清玉洁的荷花的你。

# 要不要送语文书

一个人一辈子，一定常常会忘记什么事。如果因为忘记了什么事，而出现了严重的后果，这时，重要的是有能力解决当下的问题。把精力放在全力以赴解决问题上，困难立刻变得简单。

这是我女儿的故事——

囡二年级的时候，我们家、我们单位、囡的学校，在同一条街上，我们夫妻也在同一个单位工作，家到单位步行只需两分钟，因为住单位宿舍，单位到学校只需十分钟。

有一天，囡忘记带语文书了，小孩子可不可能发生这种事情？肯定会发生，而且不止一次地发生！那作为家长你会怎么做？

囡发现没带书，就跑到学校门口打电话，那时候还没有手机，打固定电话。她先打给爸爸，因为知道爸爸好说话，常常宠爱大过原则，而妈妈比较讲究原则一点，不好说话。

囡打电话："爸爸，我忘记带语文书了，老师要批评、罚站的，我们语文老师特别凶，你赶紧帮我送过来吧！"

爸爸想了想说："你有没有考虑，现在是爸爸上班的时间，上班时间我有我要做的事情，我有我的责任。"

囡急了，在电话里面大叫："爸爸你要不给我送语文书，妈妈更不会给我送了，那我怎么办？"

爸爸说："总有解决的方法，自己想一想，什么是最好的解决方法？"

电话挂了，我老公办公室里的同事一个个怒目圆睁、怒不可遏，对我老公说："我们知道你们夫妻两个对小孩比较严格，但也不能这么不近人情啊。这么近的路，你怎么能不给孩子送呢？不就十分钟都不用的一件事吗？那么小的孩子，被老师批评罚站怎么办?”

虽然没有送书，但我们俩一整天心里都挂着这件事，下班回到家，我们都急不可待地问囡：“语文课怎么样？有没有批评？有没有罚站？有没有想到用什么方法处理?”

囡镇定自若，一脸骄傲地说：“我去跟隔壁班上的同学借了。”看哦，囡这不是找到了一个非常棒的处理问题的方法？

我们俩竖起大拇指：“真棒，就是要这样处理问题。”

一个人一辈子，一定常常会忘记什么事。如果因为忘记了什么事，而出现了严重的后果，这时，重要的是有能力解决当下的问题。把精力放在全力以赴解决问题上，困难立刻变得简单。

如果我们给她送了书，结果会怎样？她今后忘了什么就期待你送，甚至觉得理所当然，她把自己该负的责任都交给父母了。她就不再认认真真检查书包，而你要被动地给她检查书包。是不是很多家长，每天上学前，给孩子检查书包？到最后，书没带全，孩子高声指责父母，为什么没有帮我带全书本，为什么没有帮我带全学习用具，害我被老师批评。

如果带全书本都不再是自己的事情，接下来，整理房间是谁的事情？吃完饭洗碗是谁的事情？按时起床是谁的事情？做作业是谁的事情？保持家里公共部分的整洁是谁的事情……

记住——这是他的事情，是他的事情!

囡在考完大学以后，跟我说：“妈妈，我要出去旅游一趟!”

我说：“好啊！需要爸爸妈妈陪你去吗?”

囡说：“不要，我跟同学一起去!”

我说：“那预算是多少呢?”

我表面上装镇静，心里想：“到底跟谁一起去啊，还不告诉我。”

囡说：“妈妈，你打到我账上三千元就够了，我们去云南。”

我当天就把三千元打给了她。隔了一个礼拜，囡说：“妈妈，你把钱打给我一个星期了，我很奇怪，你怎么都不问我跟谁一起去呢，你不好奇吗?”

我说：“这是你的事情!”

囡说：“妈妈你也不问我跟男同学去还是跟女同学去？连这个你都不问吗?”

我其实心里很想知道，这几天心里一直在想：你快告诉我啊，省得我心里一直挂着这件事。但我故作镇静地说："这是你的事情，高中毕业已经超过18岁了，这是你的事情！"

囡说："妈！你的意思是要我全部为自己负责任，对不对？"

我说："对啊，18岁成年了，就是对自己的一切负起管理的责任，包括管理你的身体、管理你的情感、管理你的经历！"

从云南回来，囡喋喋不休地跟我说了一大堆话："妈妈，我真受不了跟我一起去的同学的家长，她的爸爸妈妈爷爷奶奶外公外婆，每天都无数次地给她打电话，全都是问：吃饭了没有？吃的什么呀？吃得好不好？住得好不好？有没有上当？有没有被偷？热不热？冷不冷？晒黑没有？累不累？小心一点，早点回来，不要跟陌生人说话！……在云南美丽的石林，一听到她的电话响起来，我那个烦啊，都没有心情看风景了！"

**从小到大，"这是你的事情"、"负起你的责任"是我们夫妻俩经常跟囡说的话。**现在看起来，这是对的，因为她把自己的事情处理得真的不错！很有能力！

能力从对小事负起责任开始，从不送语文书开始，千万不要小看了不送语文书这件事。要不然，若干年后，小事怎么变大事的？孩子怎么跟你的期望背道而驰的？孩子怎么总长不大，什么都依赖的？孩子怎么人际关系不好，觉得别人对他不负责任的？这些事，你怎么想都想不明白。

# 哈佛录取什么样的人

刘轩说："妙的是，哈佛看上我的，正是我从小就自己喜欢的，我今天在做的。哈佛很会看，看你未来能做些什么，能成什么。"哈佛录取有影响力的人，这就是结论。

我给大家讲一个故事，那是几年前《读者》上的一篇文章，这篇文章很重要，作为父母，如果没有读过，那就让我来帮你补这个缺吧！文章的题目大概叫《哈佛录取什么样的人》。

每个家长都希望自己孩子考上名牌大学，但是，我们知道名牌大学招收什么样的人吗？

这篇文章是刘墉写的，他是台湾知名作家和画家。刘墉的儿子刘轩已获得哈佛大学双学位，刘墉的女儿，正在美国纽约市中心的哥伦比亚大学读书。

有一天，刘墉在家里跟儿子讨论一个问题——哈佛录取什么样的人？因为，每年到了4月1日，许多美国学生都紧张得要死，尤其是"拔尖"的优等生，更是坐立难安。这并非因为愚人节，而是名校录取通知，这一天寄到。

哈佛没有标准答案，录取的方式没人摸得清。有的说要成绩好，有的说要体育棒；当然如果你拿了奥运金牌，多半能轻松进哈佛。有的说以SAT为准；有的说以学校成绩为准；有的说学校经常需要"新血"，减少城乡差距，使小地方的人增加自信，培育出更多的人才而招生；有的说贫民区的黑人跟富人区的白人成绩一样，八成录取黑人，因为他穷，不仅给他全额奖学金，而且还给生活补贴。有的说中国人可以加分，对不起！东方脸孔已经塞满校园，能不减分就不错了，目的是维持校园种族的平衡。

重点是你要知道像哈佛、耶鲁这样的学校，他们都希望培育出最能影响世界的人才。所以如果你是阿拉伯的王子、英国皇室的贵族或政府高官的公子，都是首选。

当然，大部分学生还是一般人。一般人跟一般人争，除了比成绩，如何让自己变得“不一般”就是关键。要不显示你的音乐天分，要不显示你的文字功底，要不显示你的领导能力……看看自己未来发自内心想在哪一行出人头地，就表现出来给哈佛看。哈佛需要各行各业影响世界的人才。

刘墉问儿子，哈佛怎么挑学生，儿子一笑，说他也弄不清。只知道当年他们看上刘轩在高中时代为环保活动拍的短片，为学校歌剧作的曲，又看到他以中文发表的文章，就录取他了。刘轩说：“妙的是，哈佛看上我的，正是是我从小就自己喜欢的，我今天在做的。哈佛很会看，看你未来能做些什么，能成什么。”

哈佛录取有影响力的人，这就是结论。

你在培养有影响力的孩子吗？

这是家庭走向国际化的一个重要指标，古人云：穷则独善其身，达则兼济天下。一个人活一辈子，如果独善其身，就活得太小了。如果你的孩子还是小学的话，那他有影响力吗？如何培养他的影响力呢？

**很简单，现在就开始让他承担一些社会责任，做小组长、做班长，做班委。尤其不要怕吃亏。**

囡小时候，看见我进寺庙拜菩萨，进教堂向耶稣祈祷，到天安门给毛主席的遗体献花，到重庆渣滓洞给小萝卜头献花……总是仰起头问我：“妈妈，你在干吗？”

答：“我在拜他们。”

囡问：“为什么要拜他们？”

答：“因为他们帮助了很多人，鼓励了很多人。”

囡问：“什么叫帮助人？”

答：“帮助人就是让他们过好日子，有饭吃，有房子住，开开心心过日子！”

囡问：“妈妈，你帮助过人吗？”

答：“妈妈一直在努力。”

囡问：“我长大了可以帮助人吗？”

答：“当然可以，要帮助人的话，自己的本事是不是要大一点呢？”

囡说："是的!"

答："那我们就多学些本事吧!"

现在问一问自己，我拥有哪些方面的影响力？我跟人们在一起时，让他们喜欢还是让人们生厌。

最好现在拿出笔和纸，跟着我把问题和答案都写下来：

1. 我的什么方面值得人们来学习？

2. 我最佩服的、尊敬的人是谁？为什么？

3. 我喜欢跟什么样的人交往？为什么？

4. 我认为优秀的人的特质有哪些？

请至少把一张 A4 纸的正反两面写满。如果你很难写出答案，或写不出这么多，请跟你的孩子一起讨论——

1. 爸爸妈妈什么方面让你骄傲？

2. 爸爸妈妈什么特质让你敬而远之？

3. 你最佩服爸爸妈哪些方面？为什么？

4. 你最希望爸爸妈妈具备什么品质？

跟孩子至少讨论两个小时。

相信你写完答案，或跟孩子讨论完，你当下就成为有影响力的人了，你将在很多方面有大的改观。

当你在一个地方出现，人们感觉到温暖和关怀；当你离开那里，甚至离开那里很久了，人们还常常谈起你，谈起你的爱心、谈起你的担当、谈起你的笑容、谈起你的智慧、谈起你的眼神，无论在工作上、在家庭里、在企业中，你可以是这样的人。

**不要总想如何搞定你的孩子，先让自己成为有影响力的人。**

因为孩子，成就了你自己，你可以的!

# 谁把他变成了凶手

他“买刀随身带着”的念头；他认为“农村人难缠”的念头；他“怕父亲知道出了车祸会没完没了地骂他”的念头；他的“冷酷无情”和他的“撞了人不救还捅死人的放肆”。这一切都是从哪里来的？如果没有这些念头，张妙一定一如平常快乐地活着。当然，他也活着，开着车，弹着琴。

2011 年 6 月 7 日上午，在读大三的药家鑫，奔赴刑场。

2011 年 6 月 7 日上午，933 万人参加高考，奔赴考场。

这两条新闻放在一起，有一些耐人寻味，或者干脆说，不是滋味。

还原药家鑫事件——

药家鑫，西安音乐学院大三的学生。2010 年 10 月 20 日深夜，探望女朋友后回家途中，驾车撞人后又将伤者刺了八刀致其死亡。此后驾车逃逸至十字路口时再次撞伤行人，逃逸时被附近群众抓获。2010 年 10 月 23 日，被告人药家鑫在其父母陪同下投案。2011 年 1 月 11 日，西安市检察院以故意杀人罪对药家鑫提起了公诉。同年 4 月 22 日在西安市中级人民法院一审宣判，药家鑫犯故意杀人罪，被判处死刑，剥夺政治权利终身。2011 年 6 月 7 日上午，药家鑫被执行死刑。

药家鑫供述，因怕农村人难缠，今后会不断地找自己看病要钱，而造成无穷无尽的“麻烦”，又怕父亲知道了，会大发雷霆没完没了地骂“刚买车就出车祸”，所以捅死张妙。

一念之差！

一念之差吗？

如果是一念之差，那么在药家鑫心里，那些引起“差”的“念”是什么？这些“念”又是从哪里来的？因为这些“念”极其有害，并最终导致目前的结果——

他“买刀随身带着”的念头；他认为“农村人难缠”的念头；他“怕父亲知道出了车祸会没完没了地骂他”的念头；他的“冷酷无情”和他的“撞了人不救还捅死人的放肆”。

这些念头都是从哪来的？如果没有这些念头，张妙一定一如平常快乐地活着。当然，他也活着，开着车，弹着琴。

21年前，1989年，药家鑫呱呱落地，一张白纸。21年后，白纸上有了一些痕迹，有害的痕迹。而这些痕迹到底是从哪里来的？是谁复印上去的？原件又是谁？

是妈妈还是爸爸？是奶奶还是外婆？是老师还是其他人？从小不断不断地这样告诉孩子：

“这个社会、这个世界是危险的，你要随时随地提防着。”

“不要跟陌生人讲话，陌生人是危险的。”

“不要跟穷人啰嗦，万一惹了他们很难缠。”

“能不出门，就别出门，好好在家待着。”

“什么都不用你管，好好学习，练好琴就行了。”

“不用你洗碗，快去做作业。”

“只要能考上大学，你就是爸爸妈妈的好孩子。”

“不要闯祸，闯祸我打死你。”

听着这些长大的他，第一个“念”就是——社会很危险，我要防身。于是，他买了尖刀随身带着，最后不是防身，而是变成杀人犯。

社会上有几个人会随身带着刀防身呢？这孩子成长过程中到底经历了什么，这么没有安全感呢？是小时候没人陪吗？是没有享受到温馨的家庭氛围吗？是血腥的动画片看多了吗？是杀人的游戏玩多了吗？

第二个“念”就是——我撞了人，千万不能让父亲知道，否则不知道要如何惩罚我。自己六月份买车，七月份拿到驾照，十月份就出了车祸，父亲一定不放过自己，所以必须立即把这件事了结，不让父亲知道。

第三个“念”就是——农村人很难缠，不能被他们缠上，缠上了就没完没了。这个“念”，在他的心中足够强烈。伴随着考入名牌大学，伴随着钢琴级别的一级级提升，冷漠、无关、清高，使内心的良知和恻隐之心不再发光。张妙的一声声哀求：“我家里有孩子，不要杀我。”不足以吹散他良知上的灰尘。

人有良知，与生俱来。可是良知犹如一块宝玉，上面覆盖灰尘后就不再发出光芒。药家鑫的良知上落满灰尘。直到站在审判席上，才声泪俱下，洗刷尘埃。

可怜的他从小缺失基本情感的培养，因为他感受不到基本的情感，而父母的“冷酷无情”却常常令他感受深刻。整个家庭缺失一个孩子正常成长应有的宽容环境和人间温馨。

单凭钢琴十级、学业优秀，是无法让药家鑫成长成为“人”的。父亲为了处罚他把他锁在地下室，只有吃饭才上楼，他被关在地下室弹琴、学习和睡觉；母亲为了让他弹琴，用皮带抽他。那样的冷酷如何培养出一个充满同情、善良、鲜活的人来呢？

记者问药家鑫，一审时你为什么不戴眼镜？二审时你为什么戴上了眼镜？他说：因为一审时怕看见同学看见父母，没脸见他们，所以不戴眼镜。二审时因为我知道自己要被枪毙了，想最后一次看清同学的脸和父母的脸。

可一审二审，旁听席上都没有父母的身影。

网上一个帖子，说如果你觉得药家鑫可以活着，那么你的妻子出门就会被车撞死，你的女儿出门就会被人强奸，你将倾家荡产等等。在我看来，这样的人用语言杀人，离成为“人”有很大一段距离，人类的成功一定不是靠过瘾的漫骂成就的。网上还有一个帖子，题目是“同情药家鑫之死也是美好的情感”，心里生出莫名的感动，也随即想起了一篇文章的标题：有漂漂亮亮的心，才有漂漂亮亮的一生。

你无意中表达的一句话，数数也就几十字而已，听的人直接看见你的心。

我们的教育真的从“诲人不倦”走到“毁人不倦”了吗？

一定有方法，一定有方法，让人长大至少能成为“人”的。

药家鑫最后一次见父母，拥抱父母，说：“对不起，我先走了，我先走，我就可以先投生，你们迟一些来，来的时候，就投生到我家吧，下辈子让我做你们的父母，养育你们，照顾你们，还这辈子的不孝……”

这样的案例，让我们一次次抱头叹息。它告诉我们什么呢？它至少是一面镜子吧。镜子里的我们，有多少需要检讨，需要反省，需要防范呢？

# 让孩子做一天父母

那一次不知道为什么在那里停止，大概是不忍心吧。但是这一次活动极其有效果，从此以后，囡对家事再没有袖手旁观，参与意识大大增强。

囡三年级的时候，我听了一场培训，学了一个方法，选择一个周末，开始折腾囡。

那时候，周末只休息一天。周六晚上，我认认真真把囡叫到跟前，对她说："明天我和你爸爸做你的孩子，好不好？就是说明天你做一天妈妈，我是你女儿，爸爸是你儿子。"

囡半懂不懂，只觉得好玩，爽快地答应了。

睡前，我坐在她床边，笑着拍拍她，关照："想一想明天你做妈妈，要照顾我们两个孩子的吃喝拉撒，要做些什么？先理一理思路啊。"

囡挺轻松，笑着说："有什么难的，不就一天吗？不就做个饭、整理整理房间什么的吗，到时候我不会，总可以问吧！"

星期天一大早，我把囡推醒，扯着嗓子喊："快点起床啊，我们要上学了；快点起来做早饭，不然来不及了，我们要迟到了。"

囡显然还没睡醒，揉揉眼睛说："妈，你不是开玩笑吧，真的吗？真的让我做一天妈妈吗？今天是星期天，让我再睡会儿吧！"

"当然是真的，你已经承诺了，不能耍赖的，必须兑现承诺。不要怕，会很好玩的，快起来，快起来！"我坚持。

囡起来了，一边揉眼睛，一边刷牙，我跑到卫生间，在她耳边大叫："啊，你还有时间刷牙啊，我们要吃早饭，我们上学要来不及了，赶紧给我们做早饭。"

“做早饭，怎么做早饭？你们要吃什么，我不会做，再说也来不及做了啊。”囡进入角色了。

我说：“那就去买啊，你爸爸喜欢吃豆腐汤加油条，你妈妈喜欢吃麻糕和鸡蛋。噢，不对不对，你儿子喜欢吃豆腐汤加油条，你女儿喜欢吃麻糕和鸡蛋，你赶紧去买吧。”我给了她十块钱。

她跑到街上买去了，不一会儿，拿回来半锅豆腐汤，三根油条，三个茶叶蛋，三块麻糕，摆在桌上。自己坐在椅子上喘气。

我们俩旁若无人，狼吞虎咽，一顿猛吃。

囡喘顺了气，开始刷牙，等到她刷好牙，洗完脸，出来一看，我们把早饭全都吃光了，一样也没剩下。在这里，告诉大家，我们俩是存心这样做的。

囡生气了：“你们怎么可以这样，把我买的东西都吃光了，我还没有吃呢，我跑来跑去的，都饿死了。”

“我们只管吃，对不起，没想到你。平时我们做了你爱吃的，你哪次不是吃个尽兴，什么时候想过爸爸妈妈喜不喜欢吃。你有想过吗?”我说。

“我们是孩子，我们吃饱再说，没想那么多，还管家长要不要吃，爱不爱吃，谁管，我们不管。”爸爸装着狠狠地说。

时间已经到了八点半，我跟囡说：“给你二十元钱，赶紧去买菜，因为你不熟练，所以需要更多的时间。要不然，到中午我们会吃不上饭的。”

囡算训练有素，没吃上早饭的情绪已经调整好了，问我们：“中午你们想吃点什么啊?”

囡爸说：“我喜欢吃葱烤鲫鱼，妈妈喜欢吃糖醋排骨，加一个汤，一个时令蔬菜就得了。”

“葱烤鲫鱼？那就是要买鲫鱼，鲫鱼长什么样?”

“去问啊，到菜场的鱼摊上去问。”

囡拿着我给的二十元钱去菜场了。菜场不是很远，穿过一条马路就到了，走到菜场最多五分钟。可是我们在家里等啊等，等啊等，等了半个小时不回来，等了一个小时还是没有回来。囡爸几次忍不住要到菜场去找囡，被我阻止了。我们咬着牙坚持，两个人在家里等她。

快一个半小时的时候，囡终于回来了，一只手拎了几个袋子，一只手抓一把零钱，满头汗。一回来，就把几个袋子里的东西往水池里一倒。买了一条鲫鱼，活蹦乱跳的，那时摊位上还不帮着杀鱼；买了堆猪肉骨头，不像排骨的样子；买了大约两斤空心菜，听囡说，那个人要把自己的菜全部给她，所以买了这么多。还买了一斤鸡蛋，买了两包榨菜，说要做榨菜鸡蛋汤。

我认真检查了一下，跟囡说，你没有买葱，葱烤鲫鱼不能没有葱啊，生姜好像也没有买，赶紧再去一趟。

囡又冲出门去，这次不一会儿就回来了，满头大汗、气喘吁吁。

看她爸爸的样子，已经非常不忍心了。我想我还得坚持，继续给囡布置工作。

我说："开始切肉，杀鱼吧！"

"这个肉要怎么切呢？这鱼要怎么杀呢？我不会啊，妈妈。"

我知道，她的手还从来没有抓过鱼，没有抓过肉呢。"没关系，勇敢一点，试着做做看，总有第一次。"我说。

囡拿起刀来，对着肉，切下去，刀在案板上打滑，好不容易切好了肉。十点半了，囡还没有吃早饭。轮到杀鱼了，我教她先刮鱼鳞，她头低着，看着案板，很久没有抬头。

我一看，囡在哭。实验就在这里停止了，没有再做下去。我也没有问她为什么哭，接下来，是囡做帮手，我们三个人一起做饭。

那一次不知道为什么在那里停止，大概是不忍心吧。但是，这一次活动极其有效果，从此以后，囡对家事再没有袖手旁观，参与意识大大增强。

我最怕孩子死读书，读死书，最后读书死。我建议从小家长都必须赋予孩子责任，从会走路开始。比如，孩子会走路时，他的责任是在家里随手捡起垃圾，归置玩具，整理自己的衣服；比如，上学后，在学校积极参与班长和委员的竞选，并为自己的职务负起责任。

如果上学后在学校里没有机会，家长要为他在家里设置管理事项。比如，由孩子来规定和管理父母该几点起床、安排周末家庭活动事项、出游由他准备物品，等等。

这样，当你的孩子上了大学，脱离父母，不会像一些大学生那样，在学校里要渡过一个困难期。因为突然没有人管了，无所适从，没有中心，独自处理问题的能力差，遇事紧张害怕，逃避或不负责任。

如果你的孩子正值小学阶段、初中阶段，不妨试一试"一日父母"，会有很多惊喜，很多感动的，让你的孩子成长一大步的。我在此等着听你的好消息。

# 孩子何时出国门

三张照片展示完，孩子沉默了一会儿，沉默中，脸突然红了，用检讨的口气说：我在他们家，给中国人丢了脸。在这三天的课上，我才明白，我丢脸的原因，是因为没有学一些中国传统文化再出国门。

一个优秀的孩子，高一读完，作为交流生，到德国学习一年，寄宿在一个德国家庭。当他一年后回国，父母在机场接到孩子，直接把孩子送到我的“青少年领袖训练营”上来了。

孩子一脸的着急，坐在车里不肯下车，跟父亲交涉：我要参加明年的高考，我只有一年的时间，但要学通三年的高中课程。所以我的当务之急，是回家学数理化，而不是到这里来学中国传统文化。

如果我是这个孩子的家长，我也会直接送他回家学数理化的。但这位家长不这样想，严肃认真地跟孩子说：“在这里学五天四夜的中国传统文化，是一切的前提，这是不可以商量的。”

孩子学了三天，晚上我们给他一个机会，用两个小时的时间，让他跟大家讲讲留学德国的见闻。

他用他在德国拍的几张照片，大大方方地跟我们讲解——

第一张照片，是他和德国的爸爸妈妈及几个哥哥姐姐一起拍的合影。

我走进这个德国家庭，要求我也要叫爸爸和妈妈的。我住在他们家，跟他们的孩子在一起。他们对我没有任何偏见，跟自己的孩子一样，每个月也给一百欧元零花钱，给一套家里的钥匙。他们待我，完完全全和他们待自己的孩子一样，我很幸运，远在千万里之外，也能时时感受到如亲生父母般的温暖关怀。

第二张照片，是一张生产奥迪汽车的工厂里的奥迪 A8 的发动机照片。

照片上的发动机，在我们看来，像一件艺术品一样光彩夺目。孩子说，当我看见这台发动机的时候，崇敬之心油然而生，它太美了，太有艺术气质了。当我把它拆开，里面的每一层都干干净净、漂漂亮亮，就连连接线，都按同色系，即冷色系跟冷色系，暖色系跟暖色系，编着一丝不苟的辫子。什么样的人能把细小的、盖上盖子就看不见的事做得那么漂亮呢？是有责任感的人吧，是愿意为这台发动机负一辈子责任的人吧，是把企业的事当自己的事的人吧。

第三张照片，是几个人低着头，好像在地上找什么东西。

孩子解释，我们才知道，一个很小的螺丝突然掉在地上，几个人在找。

这有什么好拍的？

孩子说，不，这是更震撼我的一张照片。通常，我们掉了东西，在地上找，找一遍没找到，就一遍遍再找。突然有一天，我看见德国人找东西，不是像我们这样找。他们丢了东西，先在区域里画上格子，然后，一个格子一个格子找，找过的格子，就不再去找了。而我们在同样的地方，找好几遍。谁在做有效劳动，谁在做无用功？

三张照片展示完，孩子沉默了一会儿，沉默中，脸突然红了，用检讨的口气说：我在他们家，给中国人丢了脸。在这三天的课上，我才明白，我丢脸的原因，是因为没有学一些中国传统文化再出国门。

事情是这样的，我每天放学回家，直接进自己的房间，叫吃饭才出去。一段时间后，发现哥哥姐姐们，回家后，就在花园里做园丁，姐姐说，爸爸妈妈给每月给一百欧，就至少要做一百欧的家务事。爸爸妈妈没有要求，但我们不做心里过不去。听到这里，实在不好意思，我怎么从来没有想到过这些。

其实不是没有想到过，是父母从来没有教过。

不过，从那天开始，我回家放下书包，就到园子里干活。一年下来，学会了不少家务事呢，再忙也要帮忙做家务。

还有一件事，更不好意思说了，但是，为了让大家不要像我一样走出国门出洋相，我要讲给大家听。

有一天回家，爸爸走在我后面，看我拿着家里的钥匙直接打开门走进去，很是惊讶。

问我："你怎么没有敲敲门，再开门呢？"

我说："我有钥匙，干吗还要敲门？"

爸爸说："如果家里有人，家里的人可能没想到你突然进来，如果他们有事，或穿得不方便，这不是造成双方的尴尬吗？"

听上去，这是最普通的礼貌常识，不懂是太没教养了。

听了三天中国传统文化才知道，这些东西，我们的老祖宗在几千年前就定了规矩了，是我把中华民族的品德弄丢了。三天中，我是读了《弟子规》才恍然大悟的，《弟子规》中有一句"入虚室，如有人"，不就是说这件事吗，进入没有人的房间，要当房间里有人。

是的，我接过孩子的话说，孟子就亲自演绎过这句话——

有一次，成年结婚后的孟子跟自己的母亲讲："母亲，我要休妻。"孟子的母亲听了，不是说马上就同意他休妻，而是不急不躁，对孟子说："那你告诉我，为什么要休妻？"

孟子回答："她不守妇道。"

妈妈继续问："你为什么说她不守妇道，她做了什么？"

"我回到家，看见她蹲在地上，样子很不雅。"

古代的女子不能蹲在地上，只能跪着或盘腿坐着。大概是女人跪着和端坐着比较有姿态，蹲着就不太好看。因为社会地位低，蹲着就属于不守妇道了。

母亲接着问："那我问你，你回家的时候，有先扬其声吗？"

什么叫"扬其声"呢？即当你回家的时候，有没有说一声，"我回来了"，或先弄响门框，让家里的人知道你回来了。

"没有。"

孟母说："那你不能怪她。因为，她一个人在家的时候，什么姿势都可以。她知道你回来了，一定会换个姿势。所以你没有扬其声，责任在你。"

这就是一种引导，对孟子心理上的一种引导，母亲不是简单地说，你妻子不守妇道，那就休了她。反正你很有名，可以找更年轻漂亮的媳妇。这是母亲用智慧，化解日常生活中的矛盾。

孩子听了，意味深长地说，看样子，我一直认为中国传统文化是迷信的想法是错的，因为被我认作是迷信，所以我从来都拒绝去看它读它研究它。

这真是一大损失啊。老师，如果把这些引伸开去，我们回家都应该打招呼：妈妈我回来了；爸爸我回来了；先吃完饭的话说：我吃好了，我可以先离开吗？如果我要出门，我得说：爸爸，我出去一趟。而这些在德国是非常非常严格的，是孩子们必须要做到的。

当时在德国，我发现我的成长背景中，欠缺很多，也许有一些行为，是别人非常讨厌的，但是我没有注意到。

孩子们通常认同西方，不认同自己的悠久文化，出了多大的洋相啊。

你到西方去受不受欢迎，在于我们有没有把老祖宗的东西丢掉。如果我们有机会的话，填一张表格："你是受欢迎的人吗？"

你笑容够多吗？你跟人家打招呼吗？出去拜访谁，跟你的上级说一下吗？像这样的人，是受欢迎的人，人家会尊敬你。

一百多年前，梁启超先生曾说：今日之责任不在他人，而全在我少年。少年智则国智，少年富则国富，少年强则国强，少年独立则国独立，少年自由则国自由，少年进步则国进步，少年胜于欧洲则国胜于欧洲，少年雄于地球，则国雄于地球。

少年们放下陈见，学一些中国传统文化，怎么可能不胜于欧洲，怎么可能不雄于地球？开始学吧，还不太晚。

# 培养孩子爱的能力

人活着的唯一价值，就是对人有帮助。什么叫生命的给予，就是把自己交出来，交给家庭，交给事业，交给国家。教育孩子，对民族有神圣感，对国家有神圣感。一个有智慧的大型企业选员工，把候选者带去观摩升国旗。听着国歌响起，看着国旗升起，流泪了，这个人便可以用。

今天回家，跟你的孩子做一个游戏，游戏的名字叫——寻找真我价值：

问孩子：最想做到的是什么事情？最想得到的是什么？

孩子答：……

问孩子：这件事做好后呢？你得到这些以后呢？

孩子答：……

问到最后，每个人都会得出一致的答案，那就是自己的终极理想，全部都是，无一例外——为人类作贡献！

天性自然中显现，只是家长不当的引导，孩子那光芒四射的人文精神，被覆盖了灰尘，踏上了脚印，从此沉沦，不再发光。

人拥有了绝对的基础才能成就一切，绝对的基础就是人文精神。人文精神就是“人味”，具体是指爱、责任和志向追求。

没有爱的地方，人就贪婪，人类第一危难就是，每个人只为自己而活。没有人文精神的人如果获得知识，会变得很邪恶；没有人文精神人的获得财富，会变得很猥琐。所以，不要等到有了高学历、不要等到腰缠万贯、不要等到事事不顺，才建设自己的人文精神。

人活着的唯一价值，就是对人有帮助。什么叫生命的给予，就是把自己交出来，交给家庭，交给事业，交给国家。教育孩子，着重启发他对家庭的神圣感，对民族的神圣感，对国家的神圣感。

日本大型企业选员工，把候选人带去观摩升国旗，听着国歌响起，看着国旗升起，流泪了，这个人便可以用。

一个小男孩，回家晚了，还弄得一身泥，妈妈什么也不问，咆哮着打孩子。孩子说，我不想说了，我懒得说了，我说了妈妈也不懂。下课后，我回家看到我养的蝈蝈死了，我把它葬在树下，弄了一身泥。蝈蝈是我的朋友，而妈妈不是。孩子对妈妈已经绝望了。而孩子对待蝈蝈的态度，不正是我们要培养的人文精神吗？

你把孩子跟大自然中空气、阳光、树木、花鸟鱼虫等等生灵万物的连接切断关系的话，他眼里就没有人了，所以就在虚拟世界打游戏，在没有生命的电脑前打打杀杀。

你的孩子成绩无所谓好不好，但每天回到家，你一定得问他两个问题：

今天在学校里有没有帮助同学？

今天在学校里有没有帮助老师？

或者跟孩子念以下口诀：我的生命是为大多数人服务的！我的生命是为大多数人服务的！我的生命是为大多数人服务的！

这样长大的孩子，如果成为美容师，手指充满了爱，让别人脸上的细胞活起来；如果成为医生，手术刀充满了爱，救死扶伤；如果成为老师，眼神和语言充满了爱，桃李天下；如果成为厨师，每一道菜充满了爱，人生色香味俱全。

《古兰经》中把人文精神称为性灵。它这样写道：我以天的名义，我以地的名义，我以太阳的名义，我以月亮的名义，我以山河湖海的名义，发誓，培养性灵者必然成功，毁灭性灵者必然失败。

请求每一位母亲，和孩子一起做三道论述题，做完互相分享答案——

第一，世界需要我，我愿意做什么来改变世界？

第二，我知道祝福就如同传送阳光，我可以祝福任何我想要关心与爱的人、事、物，因为光可以照亮世界，我要祝福谁？祝福他们什么？

第三，我要祝福这个世界什么？

培养孩子爱的能力，是建设人文精神最重要的一环。只爱自己，不爱家的孩子，危险；爱家庭，不爱家族的孩子，心太小；爱家族，不爱城市社区的孩子，养活自己很难；爱城市社区，不爱国家民族的孩子，成不了大事。爱家庭、爱家族、爱城市社区、爱国家民族，更爱生灵万物的孩子，不枉来人世间走一趟，光芒万丈，必成大业。

爱因斯坦说："所谓教育，是学校知识全部忘光后仍能留下的那部分东西。"这部分东西是什么，就是灵魂和素质，就是那闪闪发光的人文精神。

# 第三章　密切关注孩子心理

人类的心里，隐藏着巨大的能量。能量只有大小，没有好坏。能量以情绪的方式表现，当能量变成情绪时，有好有坏，有大有小，有正面有负面。正面情绪通常有：爱、感恩、好奇、兴奋、快乐、平静、幸福和感激。负面情绪通常有：害怕、沮丧、失望、无聊、伤心、愤怒和内疚。好情绪出现时，极具创造性，而坏情绪爆发时，极具破坏性。

养育孩子就是养育情绪。情绪处理最重要的原则是发泄。而家长最高的智慧是告诉你的孩子以下三条原则：在发泄情绪时不能伤害自己，不能伤害别人，不能妨碍别人。

# 爱抚孩子胜过任何说教

早上孩子刚刚醒来的时间和晚上孩子将要睡觉的时间，从心理学角度上来讲，这两个时间，是家长们特别容易跟孩子沟通的时间，孩子的心灵在这两个时间是打开的，没有设防的。

我们对孩子，说教多于陪伴，理论多于实践，说话多于爱抚。

**如果你希望跟孩子很亲密，如果你希望孩子什么都跟你说，如果你希望你跟孩子互相依赖，只有一条捷径，就是爱抚你的孩子！**

孩子出生以后，你经常拥抱和触抚他吗？经常拍拍他的肩、摸摸他的脸、拉拉他的手、揪揪他的耳朵、打打他的屁股吗？所有这些，叫慈爱的抚摸。

经常的拥抱、慈爱的抚摸——作为父母，如果现在给自己评一下分数，0 到 10 分，你可以得多少分？

这个分数，非常重要。

经常拥抱自己的孩子、触抚自己的孩子，孩子一定安静祥和、正面积极，暴力倾向少。肢体的接触不需要语言，就能在很大程度上建立起孩子的健康心理。

那我们该怎么做呢？

最简单的做法，如果你的孩子还小，还没到叛逆期，很简单，我们拥抱他，让他在拥抱中感受到相信与支持。如果你跟孩子之间已经有一些问题，那我建议家长在每天中的两个时间，跟孩子沟通和连接。坚持一段时间，一定可以重新连接上。

什么时间呢？

**第一段时间是，晚上孩子将要睡觉的时间。**他已经躺到床上了，你坐在他的床边跟他聊几句，拍拍他的脸跟他说说话。

**第二段时间是，早上他刚刚醒来的时间。**你不要急着叫他快快起床，你坐到他的床边，揪揪他的头发说：“睡得好吗？怎么样？做好起床准备了吗？准备迎接新的一天了吗？”就是这样，跟他做连接。

从心理学角度上来讲，这两个时间，是家长们特别容易跟孩子沟通的时间，孩子的心灵在这两个时间是打开的，没有设防的。很多家长听了我的培训后，已经开始这样做了。原来认为你跟孩子之间有代沟的，互相之间已经不愿意再沟通交流的，用这些时间这样做，一切都会好起来。

需要提醒的是，在你坐到孩子床边时，一定要先做一个动作。

做什么动作呢？要念一句口诀，轻轻地念，念给自己听，这句口诀是：“我在这里，我在这里，我在这里，我在这里，我在这里，我在这里！”

什么意思？为什么要这样做？

因为一天忙下来，你的心是杂乱的，心思意念乱飞，这句口诀就是让你先把你的身心灵呼唤回来，完完全全集中精神，再面对孩子，只有这样的沟通才有效。

我有一个导师，工作很忙，每天很晚回家。她有两个儿子，她的小儿子一岁多的时候，有一天傍晚时分，她回到家。孩子来开门：“妈妈你回来了！”孩子看见妈妈回来了，非常高兴！

妈妈摸摸孩子的头说：“嗯，宝贝，妈妈回来了，妈妈吃完饭跟你玩，好吗？”

然后妈妈就去餐厅吃饭了，吃饭的过程中，孩子又跑过来，趴在妈妈的膝盖上，抬起头说：“妈妈你回来了！”

妈妈很奇怪，但是，还是摸摸孩子的头说：“是啊！宝贝，妈妈回来了，妈妈吃完饭跟你玩啊，好吗？”

妈妈吃完饭了，坐到沙发上，开始吃水果，孩子又跑来趴在妈妈的膝盖上，抬头看着妈妈说：“妈妈你回来了！”

这个妈妈听了一激灵，突然有一个觉醒：从进家门到现在，我满脑子都想公司的事——明天要打几个电话？明天要布置什么事情？明天要找谁谈话？……注意力都在这些事情上，跟孩子讲话只是敷衍而已。小孩子是很有灵性的，妈妈虽然身体回来了，心还没有回来！她的心还在工作上。所以孩子一遍遍地跑来问：妈妈你回来了吗？

**如果没有全身心地跟孩子讲话，孩子是可以感觉到的。孩子的灵性好，所以跟孩子交流，千万不能应付他。**

什么样的表现是应付呢？比如：家长经常这样说："哦，你说"，"哦，是这样啊"，"嗯，知道了，一边玩去！"用"嗯、啊、哦"回应他，就是应付，就是没有专注听孩子讲话。长此以往，孩子就不愿意跟你交流，更严重的是，孩子也变得越来越心不在焉，注意力分散，做事无法全神贯注。所以你一定要改变，从跟孩子讲话开始。

准备跟孩子讲话的时候，你就开始对自己说："我在这里，我在这里。"跟老公讲话也一样，跟你的太太讲话也是如此。

如果你关注这一点，并做到这一点，我可以确认，若干年以后，当你有一天送你的孩子上大学的时候，你的孩子一定会问："妈妈，从小到大，你总是坐在我的床边，摸摸我，拍拍我，跟我聊天。妈妈，我现在觉得这个习惯对我的成长很重要。但是，有一点我一直不明白，你为什么在跟我说话之前，嘴里念一个什么，像念一个什么口诀，还是念一个什么咒语，在念什么？妈妈？"

这个时候你就可以告诉他，妈妈确实是在念一个咒语，"我在这里！"以保证妈妈能全身心和你在一起，跟你说话，听你讲话。

不用害怕你现在跟孩子的关系，不要害怕你们现在互相之间的亲密连接已经断了，不要害怕孩子拒绝，不要害怕孩子不给你面子。慢慢来，照我说的做。敲敲孩子的房门，说我可以进来一下吗？我有一两句话要跟你讲。于是，你坐到他床边，开始慢慢建立连接，不要气馁。在睡前，他是敞开的；刚刚醒来，他是敞开的，你可以进来。

**"我在这里"，加上经常的拥抱和慈爱的抚摸，跟你亲爱的孩子建立交流的渠道，建立牢固的关系，你将得到一生享用不尽的亲情与和谐。**

全然地接受你的孩子，用心陪伴你的孩子！

# 坠落的天之骄子

让我们来关注马加爵的心理，他的成绩还是那样优秀，表面上也看不出什么。但是，他那心里的暴风雨、心里的超级台风不知道刮过几遍了。台风刮过，摧毁了很多东西。

马加爵，这个高中期间成绩优异，被评为“省三好”的学生，2000 年来到了重点学府云南大学，然而这却并不是一个美丽的开始。

23 岁的他，还有半年就要大学毕业了，另外四个同宿舍的同学也跟他一样即将踏入社会。什么样的动机，让他一边学习生命科学，一边有预谋、有计划地一口气杀死四个同学呢？

这里分析的，是由心理的微妙变化最终导致极端行为的可怕过程。

马加爵上大学之前，在整个县里，非常有名。有名是因为他成绩太好了，参加省里、国家级的竞赛都得奖。在他们县里，如果孩子不好好学习，家长一定会指着孩子的鼻子说：你啊，你要像马加爵就好了！

当他踏进云南大学的时候，他带着一个什么心情呢？我是成绩最好的，我是最高分进来的，大家都会钦佩我的，就像中学时代一样。

一样吗？不一样，已经完全不一样了。

上了大学，成绩上的差异不明显了，因为有一大批人没有考上大学，同一所大学的录取分数线，只有几十分的差别。你如果上过大学，你想一想，你是低分进大学的，你会无比钦佩比你多出 10 分、20 分的同学吗？

当然不会。

可是，马加爵没有转换过来，当他昂首挺胸走进云南大学的时候，没有见到钦佩他的眼光，特别是没有得到同宿舍同学的认可。

晚上，宿舍熄灯以后，大家开始聊天，聊什么呢？

“我看见隔壁那个同学，他爸爸是开着奔驰车送他来的。”

“哎呀，给我看看，你的电脑是IBM啊！”

“我看看你在听什么？MP3啊！”

“我看到你有数码相机，以后借给我用用，不要小气啊！”七嘴八舌，聊到天亮，马加爵是插不上话的，因为他家境贫困，什么也没有。他等着同学们因为他分数高成绩好而钦佩他的虚荣心没被满足，物质条件却在学校最底层，落差如何填补？

还没来得及填补，新的落差紧跟着来了。

这些经历就让马加爵的自信不见了踪影，马加爵在努力，他为了得到同学们的认可，去书店买了很多笑话书，诸如《笑死你不偿命》一类的，拿回来看，拿回来背。

他很聪明，背书能力很强，背了很多笑话在肚子里。同学们聚会的时候，他跟同学们讲笑话，讲笑话是很能带动气氛的。但是，他努力讲笑话，同学们却都没有笑。因为他把讲笑话弄得像背书一样，实在不好笑。他还不懂得应用语音和语调、表情和动作，抖包袱的时机也不对。反正他努力讲完了笑话，同学们却没有笑。这让他非常尴尬，而且更没有自信了。

从大三开始，马加爵基本上没有朋友了，不是大家不认可他，是他自己退缩了。他班上的女同学回忆说，有时候去教室上晚自习，他一个人坐在教室一个角落里，没有开灯。每次同学进去，一开灯，都被他吓一跳。只见他一个人坐在黑暗的角落里，冷冷地看着门口。

可以分析出，他的心理也慢慢变得越来越阴暗了，跟大家的连接基本上都断了，他没有知心朋友、生活没有乐趣、学习也无精打采。他过着教室、宿舍、食堂，三点一线的生活，没有人知道他在想些什么？

最后的事情发生了——

他跟宿舍的几个同学打牌。因为他很聪明，打牌是很棒的，总是赢。这一次，他又赢了，一起打的同学们很不爽。

几个同学纷纷无端指责他说：“马加爵，我不跟你打牌了，你总是作弊。”

“我没有作弊。”马加爵一开始还争辩。

“你怎么可以这样呢，还说没有作弊，大家都说你人品不太好。”

马加爵还想争辩，但说不出话了。

“除了我们几个人，都没有人愿意跟你玩了，你看看谁还愿意跟你在一起。”

马加爵一脸惊恐。

“你人品太差，隔壁的同学过生日都不请你。”

马加爵很生气。

“我们实在是没办法，跟你一个宿舍住着，打打牌还作弊。”

听到这里，马加爵愤怒了，同时在心里，产生了恨。

……

听了这些话，如果你是马加爵，你会怎么样？

可怜的马加爵，一直以为，别人不喜欢他是因为不了解他，而他们宿舍的几个同学还是了解他的，也是喜欢他的，甚至是钦佩他的。没想到，同学们这样看他，只是因为在同一个宿舍里，没有办法，才跟他在一起。他最后的那一点点自信啊，被蹂躏、践踏得面目全非。

他崩溃了。

逃亡的路上，他买了一个录音机，录了几盒磁带，磁带里面几乎一直在重复一句话：我知道我做错了，但我不知道活着干吗？没有人需要我，没有人了解我。这个世界不需要我，这个世界不认可我……

让我们去关注马加爵的心理，他的成绩还是那样优秀，你表面上看不出来什么，但是，心里的暴风雨、心里的超级台风不知道刮过几遍了。

台风刮过，摧毁了很多东西。

马加爵案的主诉检察官说：他智商很高，而情商很低，这样的人不知道如何与别人打交道。

在离行刑不到48小时的时候，记者采访他。

他断断续续、结结巴巴说了这样一些话：

“我恨他们！”

“我对自己都不重视，所以对他人的生命也不重视。”

“理想这个词，可能在初中的时候就消失了。”

“没有理想是我人生最大的失败。”

“胸无大志的人会很容易陷入琐碎小事之中，斤斤计较。”

“希望每个人都能宽容别人，更应当有社会责任感。”

“有信念的人是快乐的！”

听到这些，你是否深感悲凉和震惊。真正的原因你看明白了吗？

回过头去，看一下你那正在玩的孩子——理想、宽容、社会责任感、信念，他都有了吗？

# 和孩子建立"心"的联接

现在，我要你用你的全身心，聚焦当下，来跟你的孩子说一段话。如果在这之前，特别是我们家长跟孩子的互动当中，有一些状况，有一些问题的，我现在要你跟着我，学着我，跟你的孩子说话。

曾子是孔子的学生。

一天，曾子上山砍柴，他的同学千里迢迢出行路过曾子家，想拜访曾子，天黑便要继续远行。

古代的人，见一次面不容易，翻山越岭，跋山涉水，交通工具就是两条腿。所以，古人云：有朋自远方来，不亦乐乎！"相见乐"是因为相见实在不易。不像现在，坐个飞机可以去千里之外的城市吃个晚饭再回来；飞越万里之外，拨几个阿拉伯数字就通上话，甚至可以视频通话。没有了妻子倚门盼郎归的思念之情，没有了捧着书信一遍一遍读不够的喜悦之情。

一切变得容易了，那味道也淡了。

可是曾子上山了，而同学短暂停留就要急着赶路。没有手机如何叫得曾子下山回来与同学相见呢？母亲情急之中，用缝衣针戳破自己的手指，鲜血顺着母亲的手指流了出来。

不一会儿，只见曾子急急忙忙从山上跑下来，脸色紧张、气喘吁吁地冲进家门，跪倒在母亲的面前：

"母亲，您怎么了？我在山上突然觉得一阵心慌，我怕是母亲出了什么事，赶紧跑回家来，母亲，您哪里不舒服吗？突然病了吗？"曾子问。

"不是的，孩子，不要急。是你的同学来看你，我没有办法叫你下山，就戳破手指让你回家。"母亲摸着跪在面前的儿子的头说。

……

而相反的，如今电视里报道，老人死在家里几天了，孩子们都不知道；亲人患癌症都晚期了，家人都浑然不知。

从什么时候开始，我们跟孩子、孩子跟我们之间的连接弱了，甚至断了呢?

不管你相不相信，我们跟孩子之间，本来是可以像曾子与母亲那样不可思议的紧密连接的。这样的连接是靠直觉和灵性的，直觉和灵性是靠感情基础的。简单地说，就是心里有没有装着对方。

如果你跟孩子之间的连接不够紧密，如果你跟孩子之间的交流已经断了；如果你想把你跟孩子之间的联系恢复起来，你想改变吗？你愿意改变吗？如果愿意的话，那就跟着我，认认真真地做一个活动吧！

这是一个人的活动，现在开始。

把你手上的东西全部放下，现在跟着我的引导，身心灵一致地、全然地做这个活动！

来，跟着我，轻轻地闭上你的眼睛，放下心，跟着我的引导就可以了。让你自己以非常舒服的姿势坐着，你的脊柱要垂直，你坐在沙发上也好、坐在地上也好、坐在床上也好，都没有问题。只要让自己坐好，然后脊柱垂直，双手自然垂下来或者放在自己的膝盖或大腿上，非常舒服地坐着，不要靠着背。然后跟着我的引导。

来！轻轻地闭上你的眼睛，做深呼吸。

当你的呼吸被拉长的时候，你的情绪就稳定下来了。然后再放松吐气。吐气的时间是吸气时间的两倍长，吐气要吐得更久、更深。

来！再来一次，深深地吸气，放松地吐气，均匀地吐气！我要你现在整个人的注意力都集中在自己身上。

我要你，在你的面前好像出现你孩子的样子，好像你在看着孩子。好像拉着他的手跟他膝盖碰着膝盖坐在一起。

再一次调整你的呼吸。深深地吸气，当你吸气的时候，你感觉你的身体像风箱一样被打开了！当你吐气的时候，吐深一点，吐到极致，再吐一点。

如果在这之前，你跟孩子的互动当中有什么问题，有什么困难，有什么痛苦，有什么不好的记忆，请现在跟着我，透过你的吐气把它吐出去。

现在我要你用你的全身心，用你整个的身心灵，聚焦当下，来跟你的孩子说一段话。如果在这之前，特别是我们家长跟孩子的互动当中，有一些状况，有一些问题的，我现在要你跟着我，学着我，跟你的孩子说话。

现在让你的孩子出现在你的面前．你开口，来跟你的孩子说话，我说一句你跟着我说一句——

谢谢你，选择我做你的妈妈！

谢谢你，选择我做你的爸爸！

我害怕做不好妈妈！

我害怕做不好爸爸！

我害怕我会伤到你，我的孩子！

因为我也是第一次做爸爸、做妈妈！

可是我要谢谢你，选择我来做你的爸爸，做你的妈妈！

我一定是一个不够好的爸爸，我一定是一个不够好的妈妈！

我非常的抱歉，因为我不懂得如何做一个好妈妈，我不懂得如何做一个好爸爸！

我一定有很多方面都做错了，甚至在你的心里留下伤痛，我的孩子！

可是我有没有告诉过你，我永远爱你！

我有没有告诉过你，你让我的生命如此地不同！

我有没有告诉过你，我爱你不变，我的孩子！

我常常忘记告诉你，我永远爱你！

也许我没有尽我的可能，好好爱你！

也许我没有尽我的可能，好好地对待你！

如果我让你觉得你不重要，你不够好，我错了！

如果我让你觉得我在讨厌你，我对你不满意，我错了！

请你原谅我！

也许我没有好好拥抱过你！

也许我没有认认真真地告诉你，你是我的孩子，我的宝贝！

你一直在我的心上，在爸爸妈妈心里那个最重要的地方！

谢谢你选择我做你的妈妈！

谢谢你选择我做你的爸爸！

现在继续做深呼吸，去感觉你作为爸爸、妈妈，对孩子有多少歉意。

把这些话语，化成一份爱，缓缓地流到孩子的身上，再从孩子的身上缓缓地流到你的身上。

来！现在跟着我，再一次做深呼吸，确认自己是在真诚地道歉，对自己在这之前，做爸爸做妈妈不够好的地方，真诚地道歉，真诚地请求原谅。真诚地感谢我们的孩子，选择我们来做爸爸和妈妈。

现在我要你再一次做深呼吸，当你吸气的时候，你把一股正向积极的能量吸收到你的身体里来，当你吐气的时候，你去感觉跟你孩子之间有很多的问题透过吐气把它吐出去。

好，现在我要你搓热你的双手，来按压你的脸部，在按压的过程当中，慢慢地睁开你的眼睛。当你决定睁开眼睛，也决定用另一种眼光来看待世界，看待孩子。

这个活动，在我们的生活当中要经常来使用，特别是当你跟你的孩子发生问题以后，你要有勇气，面对面地跟他说这番话。

你如果没有勇气跟他面对面说这些话，那就请你在他睡着了以后，在他的房间里面，坐在他的床沿上说这段话。

如果你再没有勇气，你就拿着纸条念这段话，但是念的时候，要去想象你的孩子就在你的面前。

当你这样做的时候，你家里的环境、氛围就不像原来那么紧张、压抑和拘束了。

你是有能力把家里的氛围变得快乐一点、轻松一点的！

这是你与孩子之间极有效的一个纽带，不管你的孩子跟你关系很好，还是一般，还是很不好，都不要紧。

试一试，这样跟你的孩子说说话吧！

# 他为什么自杀

他的自杀让周围的人觉得很奇怪，为什么奇怪呢？因为他是班级里的第一名，成绩是最好的，他的家庭状况看起来也很好，他是班里的班长，他还是一个非常阳光的孩子。这让很多人想不通，像这样的孩子为什么会选择自杀呢？

我居住的城市江苏常州，一个周末的晚上，高中一年级的一个男孩子，选择从自己家十八楼的阳台上纵身跳下。

在他的书桌上留了生命中最后的两行字："今天的作业我再也不想做了！明天的化学考试我再也不想考了！"

他的自杀让周围的人觉得很奇怪，为什么奇怪呢？因为他是班级里的第一名，成绩是最好的，他的家庭状况看起来很好，他是班里的班长，他还是一个非常阳光的孩子。

事情发生后，当地教育局和心理学协会紧急召集全市的心理学专家，对他所在学校这一年级的所有同学，特别是跟他同一个班级的同学准备进行紧急心理干预。

为什么要进行紧急心理干预呢？

因为，认识他的同学们都在想：他这么好，各方面都这么优秀，还选择自杀，那我们这些成绩不好的，调皮得不得了的，让老师家长烦心的，还有活着的理由吗？

这是心理学的一个原理，当身边的人离去，人们的潜意识中会出现跟随效应。

那年囡刚上大一，对高考的记忆还比较清晰。在她回家的时，我跟她讨论这件事，我们认认真真讨论了一下午，讨论结束的时候，囡跟我说：让我再想一个晚上，我们明天上午再讨论。

第二天，囡一脸严肃，认真地跟我说：妈妈，我想到了这个孩子为什么自杀？我试着理解一下他的心理活动——

我能够想到的第一个原因是，家长和老师对这个孩子的内在感受没有足够的关心。因为临死之前，在他的写字台上，留下了一句话："明天的化学考试我再也不想考了。"根据这句话的线索，说明这个孩子，他现在是第一名，现在是班长，但是，不代表他将一直是第一名。他现在是高一，还有两年多的时间面临高考，他无法保证自己一直第一。他每天都在回头看，全班的同学都在追赶自己，追得自己上气不接下气、精疲力竭。但是，家长、老师和同学们都认为他是理所当然的第一名。可怜的孩子，被大家高高地架了起来，盛名之下，其实难副。他也许早就承受不了了。

**作为家长，如果你的孩子成绩很好，你有没有经常跟他说："第一名是我的孩子，第二名也是我的孩子，最后一名也是我的孩子。只要爸爸妈妈看见你是认真的、负责的、努力的就可以了。"**如果你从来没有这样说过，孩子就会误认为你只要成绩，而不关注其他，这样使成绩好的孩子沾沾自喜、得意忘形，而成绩不好的孩子自信心减少，自惭形秽。

另外，经常考第一的孩子，心理问题也许更大，这是我们家长要特别重视的。囡上学的时候，不考第一名不要紧，如果考了第一名，我一定要跟她谈谈的，要做心理缓解。

作为老师，教书育人，有没有为了自己在教学上的排名而给学生太多的压力，有没有期待他一直保持第一名，有没有去想他可能已经承受不起那个第一名了，有没有想过自己的一句话，可能决定着孩子的未来甚至生死。

囡说，我能想到的第二个原因是：也许是他的妈妈很啰嗦，每天都唠叨个没完，说什么：

"还有两年了，坚持一下！"

"怎么没有以前认真了啊。"

"我们同事的小孩保送北大了。人家怎么就能生个这么好的孩子呢？"

"不要辜负老师和全家人的期望啊！"

"多吃点，把这个鸡腿吃掉，多点力气，多看会儿书！"

“别的都不要想，什么都不要你干，快点进去看书吧！”

“为了你考试要安静，我们都不看电视了，你要对得起妈妈啊！”

“现在不认真的话，考不好还要复读一年啊！”

……

孩子们听了这些话，什么心情？你回忆当初听自己的父母说这些的时候什么心情就知道了，一定是心里很烦躁、很焦虑，把一切压在心里。

囡说：“如果我碰到这样一个唠唠叨叨、没完没了的妈妈，我也会想，死了算了。幸亏从小到大，你都对我说读书是自己的事。实事求是地讲，在高中阶段有自杀念头的同学不少，同学们常常在一起聊自杀的话题。”

人为希望而活，心里没希望，他只想消失。

前年，在深圳，一所小学里发生了一件骇人听闻的事情：一个小女孩在教室里，举起椅子砸向前一排的女孩，问她为什么砸那个同学？她说：“把她砸死，我就是第一名了。”

听到这些的时候，你千万不要觉得这些事离你很远。如果你懂得关注孩子的心理，这样的事就离你很远。如果你一向只关注成绩，只关注孩子的吃喝拉撒，而不关注他的心理，这样的事或许就离你很近。

上海的几所名牌大学，每年都有学生自杀，有一年，很离谱，居然有四个男生，相约到一所大学尚未建成的几十层楼高的图书馆大楼顶上，集体跳楼自杀。其中三个毫不犹豫跳下去了，另外一个因为害怕，迟疑了一下，没有跳，三个跳下去的同学当场死亡。没有跳下去的一个，由学校心理辅导老师马上进行心理疏导。

“为什么选择集体自杀，到底发生了什么？”

唯一留下的同学说：一个是因为跟女朋友闹翻了。谈了两年恋爱，吵吵闹闹、分分合合好几次。这一次，女朋友正式说：你的脾气太差，太情绪化了，我受够了，我们这一次是永久性分手，藕断丝也断。

另一个是因为妈妈每周五给他打生活费，那天，他跟班级的同学说，星期五晚上我请客吃饭，结账的时候，妈妈的钱还没有到账，妈妈忘记了。这也太没面子了，选择自杀。

当时，我很纳闷，这位妈妈为什么要每周打生活费呢？等到三年前囡上大学了，我才知道，很多大学生因为不能妥善管理自己的财务，家人就每周打生活费，有的是半个月打一次生活费。听囡说，很多同学，如果家里一个月打一次生活费的话，后半个月他们就可能饿死了。因为前半个月把一个月的生活费都花完了。花完了怎么办，要不四处借钱，要不节衣缩食。

我简直无法相信。我们的第一感觉是，上名牌大学的孩子们这么幼稚吗？心理就这么不成熟吗？

因为近年来一直为一些大学生做演讲，我知道这一切不论我相信不相信都是事实，事实有时就是这样不可思议。

看到这里，你一定要郑重地思考一个问题——孩子的幼稚是谁造成的？孩子的心理不成熟是谁造成的？

当然是父亲和母亲。

父亲母亲的称号，是一个头衔，是一个资格，是一种责任，是要有一定的修为才能做好的。父亲母亲的头衔一辈子也没有下岗的时候，好父亲好母亲的评价标准也要用一辈子时间来考核。

如何让你的孩子远离自杀呢？那是有捷径的。

捷径是，带着无条件的爱跟你的孩子互动——

当孩子想起你的时候，心里盛满着安静的、幸福的、温暖的、家的感觉，做好了这些，你就放心吧！

因为拥有这些，在这复杂的社会里，你的孩子一定会勇敢面对，绝处逢生，跨越所有障碍从容行走的。

# 她为什么不肯去幼儿园

我们无法要求每一个老师都懂心理学，无法要求老师处理孩子的问题时都能关注孩子的心理。为什么我们的孩子越来越喜欢独处，越来越离群索居，话越来越少，是因为我们的孩子得到的否定太多了。

这是一个真实的事件——

一个女孩，4 岁，上幼儿园中班。有一天女孩放学被接回了家，一直跟妈妈说："我明天不去幼儿园了！我不要去幼儿园！不去，不去，不去……"

碰到这样的情况，作为家长，你会怎么办？

你是不是马上打断她，跟她讲道理："小孩子一定要去幼儿园的，怎么能不去幼儿园呢？好孩子一定要去幼儿园！听话……"

看着孩子又哭又闹、非常恐惧的样子，妈妈好像意识到什么，开始认真询问孩子不去幼儿园的原因。

事情是这样的。

那天，中班班主任老师被学校安排开一个公开课，什么叫公开课呢？就是整个区所有的幼儿园中班的老师，都来听这个老师讲课。这个老师刚从幼师毕业一年。上午，老师就关照小朋友们说："同学们，下午有很多老师来听我们的课，那小朋友你们要怎么样？是不是要乖一点？"

"是！"

老师说："那上课的时候坐在那里要小脚并拢，小手放好，好不好？"

"好！"

老师鼓励说："等下课，其他老师走了以后，我们对乖的小朋友就奖励，对不乖的小朋友就惩罚，好不好？"

小朋友们齐声说："好！"

下午的公开课上，小朋友们果然很乖巧，而这位小朋友却坐不住，每10分钟起来围着教室转一圈，一节课下来，她起来转了好几圈。从专业角度上讲，这可能是一个“体觉型”的孩子，这种特性的孩子，小时候往往被家长误认为是有多动症的孩子，她不能长时间安静坐着，“长时间”在她这个年纪只是一节课的时间，幼儿园一节课是20～30分钟，而她这个年龄能长时间坐着不动，是非常困难的。

那么多老师来听课，她这样每10分钟左右起来转一圈。下课了，听课的老师走了。请问如果你是这个年轻的老师，你会怎么样？

我们这位年轻的老师怒不可遏，气呼呼地问班上的小朋友们说：“今天谁不乖？”

小朋友们都用手指着她说：“她不乖！”

老师问：“那我们要怎么样惩罚她？”

小朋友们七嘴八舌地说——

“叫她站在墙角！”

“叫她一个礼拜不能看电视！”

“不带她去吃肯德基！”

“打手心！”

“把她关到黑屋子里。”

“打嘴巴！”

“羞羞她的脸！”

“不带她出去玩！”

“叫警察叔叔来抓她！”

“我们都不要跟她玩！”

“我们大家不理睬她，不跟她说话！”

……

这些惩罚都是怎么想出来的呢？不说你也明白，是平时父母这样处罚过孩子，或拿这样的处罚来吓唬孩子。

当孩子们说出这些处罚的时候，连口气都跟父母一模一样，声音恶狠狠地、居高临下地，甚至跺着脚叉着腰。

然后老师跟小朋友们统一意见，选择一项处罚。最后选择了一个什么处罚呢？

把她放到外面操场上，让她在操场上晒了一节课回来。这还不是关键。关键的是，当她回到二楼教室的时候，老师要同学们排在教室门口的两边，孩子进门的时候，每个同学用手在她脸上刮一下，并说一句：羞！羞！羞！我们不喜欢你，我们讨厌你！……

可怜的孩子，在这一天当中，被同学和老师贴了很多的标签，这样的标签在孩子心灵上形成的创伤，你是无法估计的。

作为家长，一定要经常帮助孩子及时化解，因为时间越久影响反而越大。有的人说没几天就忘了，其实并非如此，可能事件本身被忘了，但影响还在。孩子常常表现出来的不自信，不愿意与人交往，整天畏畏缩缩的样子，都是这个事件的直接后果。

每一个标签贴上去也许只要5秒钟！但是揭下这个标签呢，从心理学角度来看，也许需要20年、30年的时间。

我们无法要求每一个老师都懂心理学，无法要求老师处理孩子的问题时都能关注孩子的心理。为什么我们的孩子越来越喜欢独处，越来越离群索居，话越来越少，是因为我们的孩子得到的否定太多了。

而作为父母的我们，当孩子向我们诉说时，我们通常根本就不问他发生了什么，自顾自地跟孩子讲一通大道理，我称这些话叫“正确的废话”。这些话不是孩子根本听不懂，就是引起孩子的反感，于事无补，根本不解决问题。结果只能是孩子跟你的距离越来越远，我说的是心理的距离、亲密的程度。

当我们的孩子回来，他不愿意这样、不愿意那样，后面都有一个原因，你仔细去听那个背后的原因，多问为什么。为什么不愿意去学校，为什么不喜欢这个老师，为什么喜欢那个老师，你喜欢跟谁在一起，为什么喜欢跟他在一起，等等等等。密切关注他的心理状态。

**孩子不愿意去幼儿园，我们每个家长都碰到过。你一定要去好好地问他：为什么？发生了什么事？了解这个原因，化解背后的障碍，这是作为家长必须高度重视的。**

# 成长需要空间

不管是心理学专家，还是教育工作者，还是社会学家，还是我们这些普通的爸爸妈妈，凡事发生，我们必须懂得透过现象看本质，抽丝剥茧，找到导致一切发生的根本所在。

多年前，浙江发生了一件事，事件的主人公叫徐力。今天我们试着还原徐力，看一看他如此丧心病狂对待母亲的心理演变过程。

徐力在高考之前，把自己的母亲杀害了。如果你见到徐力，你会认为他很乖、很好、很善解人意，读书成绩也很好。他的志向和能力，跟父母的期待一致，上清华大学！

对这样一个好孩子，她的妈妈是怎么做的呢？

妈妈可以随时放下自己的工作，到学校门口去看他，如果看到徐力在操场上打篮球，她就冲到操场上，指着跟他一起打篮球的同学说："你们不许跟他打篮球，他是要考清华的，你们干扰他，让他分心，是什么动机啊？我警告你们，以后不许跟他打篮球！"

他们家里，电话从来不是徐力接，一定是妈妈接。有时候妈妈偶然接到一个电话："阿姨，我找徐力。"

妈妈一定会这样说："你是谁啊？噢，同学啊，你找徐力干什么？你的作业做完了吗？他在做作业，你知道你打电话来会影响徐力学习吗？……"

徐力如果在家，家里电话铃是不响的，妈妈走起路来都轻手轻脚，家里总是悄无声息。徐力在家，爸爸妈妈从来不看电视，爸爸的工作在外地，一个礼拜回来一趟。

如果你是徐力，看着妈妈这样做，这样对待自己的同学，你的心理感受是什么？如果你也是这样的妈妈，请你问一问自己的孩子，他的感受是什么？

每个人都需要朋友，不是吗？每个人都希望得到朋友的认可，不是吗？

妈妈的做法在同学中传开，徐力感觉到了同学们异样的目光和跟他保持的距离，他觉得没面子。他多次听到同学说：不要跟他玩，他妈很烦的，她妈妈会来找我们算账的……

事情发生的那天，是中午。

徐力回家吃午饭，妈妈已经做好了饭，在自己的房间里，边看电视边等他。他推开妈妈的房门说："妈，我回来吃饭了。"

妈妈劈头盖脸指着徐力说："吃饭就吃饭，冲进我房间干吗？我就知道你跑到我房间里来，是想偷看电视！看你这种样子，还怎么考上清华大学，我看你是没希望了，我知道我这辈子是指望不上你的！你有出息全世界的人都有出息了！……"

妈妈不由分说的，一连串没有标点符号的数落，徐力听蒙了。

徐力正面临高考，高考之前的孩子，压力大不大？很大！自己对自己的要求，学校、老师对他的期待，妈妈的做法引起的同学们对他的鄙视，都成为他无法忍受的压力。此时，这些压力在妈妈的怒骂中演变成了一种无法控制的愤怒，在他心里迅速升起。

他崩溃了，如咆哮的狮子。

他冲出家门，突然，看到邻居家门口放着一把榔头，不知道是一股什么力量，不知道是什么驱使，他拿起榔头冲进家中，砸死了自己的妈妈。慌乱中用一个澡盆把妈妈放在了床底下，冲出家门。

他跑到了附近的一个小旅馆，惊慌失措，魂不守舍。在小旅馆里他一直睡不着，偶尔打个盹醒过来，觉得自己做了梦，又不相信是个梦。他一遍遍问自己，我刚才是不是做了一件事情，我是不是把自己的妈妈杀了？我是不是做梦，是真的发生了，还是做梦？

不管是心理学专家，还是教育工作者，还是社会学家，还是我们这些普通的爸爸妈妈，凡事发生，我们必须懂得透过现象看本质，抽丝剥茧，找到导致一切如此发生的根本所在。

这个案例让大家了解，关注孩子的心理感受有多么的重要。一切的事情都是因为心理感受的不同而到达不同的结果，呈现不同的结果。

**孩子考试第一名，你要跟他说第二名也没有关系，而不是说"要保持，**

**不要骄傲。”**你怕他骄傲，就不怕他自卑吗？长大成人，自卑将成为一个人更加难以克服的社交障碍。孩子考得很差，你要跟他说，妈妈看见你在努力，妈妈知道你心里是很上进的！

有一年暑假，一家国家级报纸进行征文比赛，从这次征文比赛中我受到极大启发，甚至因为看了很多孩子的文章，导致我后来走上教育培训的道路。我看到了一篇王尔晴写的文章，这是一篇写妈妈的文章。王尔晴是谁呢？后来才知道，敬一丹的女儿。

## 我的妈妈

妈妈从来不叫累，也不怕苦，不怕脏。她没有闲着的时候，就连打电话，也要拿一块抹布擦电话。

妈妈脾气大，她每次发脾气差不多都是冲着我和爸爸。妈妈不挑食，很节省，从不乱花一分钱、浪费一粒米。

妈妈很爱我，她经常带我出去，让我长知识，开眼界。我请别的同学到我家来时，她很欢迎，热情地招待每个同学，给同学和她的家长倒水、拿水果，跟同学的家长聊天。同学走了，还会把他们送到楼下或车站。

文章中我们看到了一个真实的妈妈，也冲老公孩子发火，也爱孩子，节俭勤快。关键是她爱孩子的方式——以自己的行为影响孩子，并带孩子出去长知识，开眼界。怎么想敬一丹都应该比我们这些普通人忙吧，她居然能够热情招待女儿的同学和家长，走时还送到楼下或车站。至少，我还没有做到这样热情对待囡的同学，我该反省。

你这样做过吗？你的家里有没有孩子的同学来玩呢？如果没有，至少代表你从内心里不够欢迎别人，也可能代表你的孩子不太善于交朋友。作为爸爸妈妈，你该如何帮助你的孩子呢？

找一个时间，把孩子的同学请到家里来，亲自做几样小菜吧。亲切地跟孩子们聊一聊，做一个孩子眼中人情味十足的爸爸妈妈吧。

这，不难做到吧。

难也要做。

# 和孩子讲话的目的是什么

各位家长，你跟孩子讲话的目的是什么？是为了让他沮丧吗？是为了让他跟你结仇吗？是为了让他对学习失去信心吗？是为了让他仇恨自己的老师吗？是为了让他妒忌自己的同学吗？是为了让他恨自己不成器吗？是为了让他离家出走吗？

家长对孩子，养育其身，容易；关注心理，不容易。

如何提高家长对孩子“内在感觉”的觉察力？家长要学习的是首先关注养育心理。

各位家长，你跟孩子讲话的目的是什么？

是为了让他沮丧吗？是为了让他跟你结仇吗？是为了让他对学习失去信心吗？是为了让他仇恨自己的老师吗？是为了让他妒忌自己的同学吗？是为了让他恨自己不成器吗？是为了让他离家出走吗？

你一定跟我大喊着说：“不是，当然不是！”

你现在，就回忆一下，前一次你跟孩子谈话的结果，回忆一下你跟他谈话后他的状态，是不是一不小心，就走到上边的结果上去了？

长此以往，你培养孩子想要达到的结果能达到吗？

你该说的说了，该做的做了，苦口婆心，孩子的状态还是每况愈下。你想不通，到底这是如何造成的呢？

举个例子。有一天，你接到孩子班主任的一个电话，请你去学校，老师要找你谈谈。接完电话，你的心情紧张而忐忑，你想一定是自己的孩子在学校里调皮做了坏事，或者上课不认真成绩不好。

你急急忙忙地赶到学校，不出所料，老师劈头盖脸把你跟你的孩子数落了一顿。你把孩子教成这样，让别人数落一顿其实也没什么。但是，你怒火中烧，气急败坏地回到家里，拎起孩子的耳朵，不管三七二十一，狠狠地骂了一顿，重重地打了一顿。

打完了，骂完了，你坐下来想一想，孩子明天去学校，是更爱老师了，还是更恨老师了？

答案很明确，恨老师。

那你觉得你的孩子，是爱老师容易学习好呢，还是恨老师容易学习好？

你又答对了：爱老师容易学习好！

那你要如何做呢，不用我教了吧！

家长如果总是这样情绪化处理问题，而不用大脑，不用智慧处理事情，孩子到叛逆期你要如何收拾？

作为母亲，我也犯过很多错误，给孩子留下过创伤，直到十年前开始研究教育，才慢慢懂得，才开始一件一件跟她回忆和化解。

囡小学一年级的时候，我所居住的城市江苏常州，开了第一家肯德基，我们约定，期中考试如果有一门 100 分，就带她去吃。那天，囡兴高采烈地跑回家，拿出一张细细长长的字条给我，说："妈妈，我考了 100 分，我们明天去吃肯德基！"我拿过来一看，数学 85 分，语文 95 分，自然 100 分。我把分数单往地上一扔，扭过头去，说："自然 100 分算什么 100 分啊，不算！"一年级的她，不懂什么是主科什么是副科，不懂为什么自然 100 分不算 100 分。

囡回忆说，为这件事，她伤心了好长一段时间。一件在我看来不经意的小事，却让孩子的心灵伤得不轻。

囡四年级升五年级时，拿回来一张奖状，极其兴奋地展示给我，我以为是三好学生奖状，拿过来一看，是她被学校评为"读书大王"的奖状，我同样拿过来扔地上，不屑地说："读书大王算什么名堂，就是杂书看多了的意思！"囡真的生气了，三天不讲话，不理我，但我居然都没有发现。

现在想想，"读书大王"对孩子是怎样的一种激励和肯定啊，却被我无情摧残，幸好囡没有从此不再看书，谢天谢地。

**作为家长我们需要知道的是：讲话的目的，只有一个，让孩子状态变佳，立即行动。如何做到，秘密是，所有人都喜欢一个东西，那就是真诚的赞美和鼓励，发自内心的赞美和鼓励，建设性的赞美和鼓励。**

心理决定状态，有状态就有结果。你要关注的永远只有孩子的心理状态。

# “真”的孩子?“假”的孩子?

都已经吸毒了，妈妈还什么都不知道，还以为自己的孩子好得不得了，呈现在妈妈面前的，是假的孩子，而在派出所的孩子，是真的孩子。

派出所打过电话来说：“你家孩子在派出所，请你赶紧来一趟!”

这位妈妈在电话里跟派出所的人大喊：“啊，怎么可能？谁说的？不可能是我家小孩，肯定是同名同姓，绝对不可能，我家小孩很乖，好得不得了，从来不会犯什么错误的，怎么可能被抓去你们派出所呢?”

民警说：“还是请你来一趟吧，我们核对过了，基本上能够确认是你的孩子。”

妈妈气急败坏地跑到派出所，看见真的是自己的孩子。那看见自己的孩子，这位妈妈的表现又是怎么样呢?

她指着民警说：“我跟你说，我的孩子好得很，他肯定是被别的人带坏了，我的孩子在家里是很乖，很优秀的，怎么可能是这样呢?”

都已经吸毒了，妈妈还什么都不知道，还认为自己的孩子好得不得了，呈现在妈妈面前的，是假的孩子，而在派出所的孩子，是真的孩子。

囡三年级时，一次放学，我去学校门口接女儿，她跟另一个孩子在一起，接到后，我们三个人一边手拉手往家走，一边开心地聊着。突然，只见我女儿指了一下十米开外的一位阿姨，跟身边的同学说：“看，你妈妈来接你了。”那女孩收起笑容，拉拉衣服，一脸正经走上前，毕恭毕敬地跟妈妈说：“妈妈，你来啦!”

这孩子，看到妈妈，收起笑容，整好衣服，缩起胳膊，跟刚才有说有笑、放松自在的状态相比，完全变了一个人，看上去像是连基因都变了。她面对妈妈的时候，为什么要做那么多的动作？是要把真的自己隐藏起来吗？

老师把家长叫去，听老师说完，你不相信自己的耳朵，怎么都不相信老师说的是自己的孩子。你不相信他会这么离谱，因为他从没在你面前如此离谱。因为孩子在你面前要特别收着，装着很乖的样子，到外面就特别放肆，要不然他身体和思想的能量要释放到哪里去呢？能量没有好坏，但需要释放需要平衡。

回到家，你打孩子，边打边说："你居然会这样……你居然会这样……你居然会这样……"是时候好好地看一看，今天在你面前的孩子，呈现的状态是真的还是假的了。

那么孩子在别人面前一个样子，在父母面前是另一个样子，这样的结果是如何发生的呢？

有人说只要你敢打孩子，孩子就敢跟你说谎。孩子就不可能真实地面对你，孩子就对你隐瞒一些经他判断不能让你知道的事。这是打孩子的必然结果。要不就是家庭中有太多的"不准，不准，不准！"一走出家长管辖区，孩子就变形了。

在你的权势下，他表现出你要的那个样子，而这恰恰不是他真实的样子。

没有家长希望通过自己的一番教育，孩子变得为了哄妈妈开心而戴着面具。孩子无意犯了错，第一反应是不能让父母知道。孩子在父母面前乖得不正常，而一离开父母，调皮得不正常。为什么有的人平时沉默，一喝酒就滔滔不绝，或文思奔涌，与平时判若两人，是因为控制他的东西没了。

**让孩子在你面前保持真实，第一条，你要做到民主；第二条，你家的法律中有一条"凡事可以被原谅"；第三条，错了必须检讨，哪怕你是父母。**

孩子成长岁月的18年，如果假惯了，隐藏惯了，总有一天会崩溃的。你想啊，他走哪儿都跟别人说：千万不要跟我妈说！千万不能让我妈知道！你这个爸爸妈妈是多么可悲，而孩子是多么可怜，多么累啊。

一些家长跟我说：孩子不跟我说实话，我实在没办法。你当然有办法，只要你听孩子的话能冷静。比如，他闯了祸，他告诉了你，你能说：这不是你一个人的事，这是我们大家的事，我们一起来面对，好吗？之前再假的孩子，也一下子变真了。

几十年的生命，如果一直假着，太累了。在父母与孩子共度的至少18年的岁月中，教会他真实吧！这是唯一一项，当然是最重要的一项生命技能。

# 培养健康心理的五个关键点

帮助孩子在心灵上安装一个“删除键”，遇到不开心，不好的经历，尽快尽早启动删除键删掉，搁心里太久会腐烂变质的。变质后孩子就越来越没有自信，站不起来，走不出去。在家里，让孩子把不开心的事说完，说清楚，然后，家长跟他一起念：删除！删除！删除！

这里有三个问题——

第一个问题，一个人内心的安宁与满足，是发生在他的内在，还是他的外在？

答案应该很统一——内在！

第二个问题，那么一个人要找回内心失去的安宁与满足，是从他的内在去努力呢，还是外在？

答案应该只有一个——内在！

第三个问题，那么每个人内心的不安，是因为外在的某个不如意的人、事、物所引起的，还是因着内在对人、事、物的看法引起的？

没看懂的话，再读一遍！我相信你会很不情愿地说，内心的不安，不是外在引起的，而是因着自己内在的看法引起的。

世界以它本真的面貌呈现在每个人面前，但地球上的人们千差万别。今天，我们有机会发现，人世间最大的秘密是——你活成什么样，依据你的心理健康状况而定。

到目前为止，整个世界仍然处于躁动不安之中，大大小小的战争从未停息过。国家之间有战争，政党之间有战争，公司之间有战争，家庭里面有战争。而最重要的不是你的外面有战争，而是你的内在更有一场一场的战争。科技上我们的能力越来越强，却无法彻底解决发生在每个人内心的场场战争。

但，好消息是，只要你内在祥和，外面的战争根本摧毁不了你！这么多战争中，比起一个人内在如火如荼的战役，世界大战根本就不算什么！只有发生在你内在的战役才能摧毁你！

为了你的孩子将来不被自己内在的战争摧毁，为了让孩子心灵强大，为了让你的孩子在生命的大多数时刻立于不败之地，关键要培养心理健康。

心理健康，要怎么来培养呢？

**第一，帮助孩子建立阳光真实的健康心理。**

你跟孩子说话，面对面，眼睛看着眼睛，平视着跟他说话。如果孩子小，家长就要把他抱到桌子上，或蹲下来平视跟他说话。

凡事要引导孩子勇于表达。家里保持宽松的氛围，家长不懈探讨孩子真实的想法。经常与孩子一起讨论社会现象，引导孩子正面思考问题，积极解决问题。

提倡和引导孩子真实，真实的活着不累。家长们先别说做不到，先试着做做看，一开始难，因为惯性，一段时间以后，你会觉得活着真轻松。

尤其，家长们别当着孩子的面说谎。家长要先想办法让自己成长为真正的“人”。

**常用的口诀是——我是阳光小孩！我是阳光小孩！我是阳光小孩！**

**第二，帮助孩子建立勇气。**

恐惧和惰性是人生的阻力，阻力大了，勇气差了，行动力就没有了。曾听过大文豪巴尔扎克的故事，讲给大家听——

巴尔扎克是世界级大文豪，可他在大学学的是法律。毕业后，年轻的巴尔扎克全然不听父母忠告，执意要当作家。父亲恼羞成怒，停止提供任何生活费用，巴尔扎克陷入困境。最困难的时候，他只能吃点干面包，喝点白开水。但他勇敢接受这一切，并坚信自己成够成功。每当就餐，他就在桌子上画上一只只盘子，上面写上香肠、火腿、奶酪、牛排等字样，然后想象出自己狼吞虎咽吃东西的样子。然而，在这段最为狼狈的日子里，他竟然破费700法郎买了一根镶着玛瑙的粗大的手杖，并在手杖上刻了一行字：我将粉碎一切障碍。

“我将粉碎一切障碍”，这句话带领他度过漫漫长夜，成为举世闻名的大文豪。

家长带领孩子建立气吞山河的勇气，比留给孩子上亿金钱来得重要得多。

**常用的口诀是——我将粉碎一切障碍！我将粉碎一切障碍！我将粉碎一切障碍！**

**第三，也是很重要的一条，为孩子建立处理和删除的心理模式。**

帮助孩子在心灵上安装一个“删除键”，遇到不开心，不好的经历，尽快尽早启动删除键删掉，搁心里太久会腐烂变质的。变质后孩子就越来越没有自信，站不起来，走不出去。

在家里，让孩子把不开心的事说完，说清楚，然后，家长跟他一起念：删除！删除！删除！一位大师曾说，你处理情绪的速度，就是你迈向成功的速度。

一天过去了，晚上要把白天所有的负面删除，当第二天醒来，清明澄澈，心无挂碍。

家长问我，自己10岁的女儿遭人非礼，郁郁寡欢，不敢出门，怎么办？我说，事件大，家长要帮助她删除。具体的做法是，立即想尽一切办法，离开原来的学校，离开熟悉的人群，甚至不惜代价离开原来的城市。改变环境，把孩子想起这件事的几率降到最小。带她认识新的朋友，进入新的学校，带她旅行，让大量新的记忆，冲淡旧的记忆。

**常用的口诀是——删除！删除！删除！**

当然，你的生命中不能有太多的敌人，如果你自视清高，每天感受的不舒服、不开心、不喜欢太多，那删除的工作就庞大了，删不完的。

**第四，帮助孩子建立凡事尽力，凡事努力的心理模式。**

凡事想要得到好结果，先认清方向，然后不断努力。不努力什么也做不成。在学校里，第一要努力，第二要努力，第三还是要努力，生命要绽放，必须不间断地努力。任何美好的东西进入我们的生命，都需要付出努力。

**常用的口诀是——我不放弃，再多走一步！我不放弃，再多走一步！我不放弃，再多走一步！**

**第五，帮助孩子建立远离借口，承担责任的心理模式。**

西点军校是创造奇迹的地方，它所培养的总统、500强总经理，甚至比哈佛商学院还多。哈佛商学院学的是成功理论和500强成功案例，但西点军校凭借一句校训，达到全球顶极商学院都无法达到的高峰。这句校训是——没有任何借口。放眼望去，多少人死在借口上啊。不要让借口再毁了下一代。

**常用的口诀是——如果事情真的是这样，那就是我的责任！如果事情真的是这样，那就是我的责任！如果事情真的是这样，那就是我的责任！**

至于心理健康与身体健康的关系，那不是一般的密切。心理保持健康，身体也就自然而然的健康了。人类大多数的病，是从心理不健康开始。华佗曾说，医生者，先医其心，再医其身。即要治好病人的身体，先医治病人的心理。保持心理的健康，身体便百害不侵。假如我们把不好的想法消灭，不理会负面的想法，身上的许多疾病都会消失，你的身体会恢复到它本来应有的健康状态。

至于信不信，由你。

建设孩子的心理健康，考验爸爸妈妈的能力，各位加油啊！借用一句对孩子说的话——任何美好的东西进入我们的生命，都需要努力！

# 第四章　你了解你的孩子吗

你了解你的孩子吗?

先不要说了解，有调查表明，父母对孩子的了解程度，很低。如果父母都了解孩子，恕我直言，社会风气不会那么差，少管所里不会有那么多的孩子，网吧里不会有那么多孩子。因为不了解孩子，用错方法，性格弱的孩子忍耐接受，性格刚烈的孩子离家出走。

教育要从了解孩子开始，了解孩子就能理解孩子。家长通常只关注孩子的表象，然后“对症下药”，“对症下药”犹如拔草，好不容易拔干净了，三天又长出来了。家长如果能透过表相看到根源，就能做到“对因下药”，根拔掉了，草便不再长。

了解孩子可以通过观察，也可以通过科学的检测。我先用这里的几篇文章，帮助你了解和理解你的孩子。

开始吧!

# 如何培养女孩子

如何端庄地出现在人们面前，你觉得重要吗？一个女孩子，成不成功，这辈子活得够不够好，就看她端庄不端庄，够不够有尊严！

有人说，人没有说明书，不像买个手机，有一本说明书。买个电脑，有一本说明书；买个药，也有个服用说明；买盆花，还给个养花注意事项，但凡买个东西都有说明书，但是，当一个人降临到这个世界上，没有带说明书，或者说找不到说明书。没有说明书可读的人，如何了解呢？

就我多年的学习和了解，发现人其实不是没有说明书。

性别，就是关于人的一道说明书。

请问你生一个男孩子和生一个女孩子，养育方法是不是一样？如果你说一样，那你培养出来的孩子，未来一定让旁人看起来性别特征不明显。如果你说不一样，那男孩子该如何培养？女孩子该如何培养呢？

第一道男和女的说明书，我来告诉你怎么读。

当你生了一个男孩子，你要培养他担当、责任感、凡事负责的精神，勇气要多于恐惧。男孩子长大成人时，必须精气神十足，动力十足，眼光炯炯有神，大有要成就一番事业之气势，就连起名字也要阳刚气十足。每个妈妈想一想当初想找什么样的男朋友，希望男朋友具备什么样的素质，就是你培养男孩子的方向。

当你生了一个女孩子，你要培养她美丽、温柔、善解人意的脾气和习惯，而尊严永远要高于一切。女孩子长大成人时，必须说话美、步态美、包容和善，眼光和谐而大气，大有母仪天下之风范，就连起名字也要字美音美。每个爸爸想一想当初想找什么样的女朋友，希望女朋友具备什么样的素质，就是你培养女孩子的方向。

说说我们的邻居国家是如何培养女孩子的。

二战以两颗原子弹在日本广岛、长崎爆炸，宣告结束。二战结束后，日本身强力壮的男人大多战死沙场。国家的崛起，女人是重要的因素！短短的几十年，日本一个小小的岛国，没有任何可利用的自然资源，一跃成为世界经济强国。其中一个重要的原因，便是这个国家有一支强大的母亲队伍。

一些资料表明，日本女孩子在 12 岁的时候，学校里面就会给她们全套的课程。为什么是在 12 岁的时候？因为女孩子在 12 岁左右，面临发育，发育时心理会发生微妙变化，身体会发生明显变化：脸上可能会生痘痘，可能会长雀斑等等。

他们的学校就专门为女孩子开设课程：如何穿衣服、如何护肤、如何化妆、如何进行衣服的颜色搭配、跟人讲话要用什么样的语音语调、礼貌用语如何使用、如果提高审美观、如何端庄地出现在人们面前……

如何端庄地出现在人们面前，你觉得重要吗？一个女孩子，成功不成功，这辈子活得够不够好，就看她端庄不端庄，够不够有尊严！

端庄和尊严哪里来？学习以上这些功课。

“母亲学院”的课程上，有一些做母亲的跟我讲：

“我家女儿 10 岁，坐公交车被人非礼。”

“我家女儿 11 岁，走夜路被人追。”

“我家女儿才 8 岁，总有一群小混混尾随她，说一些粗鲁的话。”

除去其他因素不说，请每一位母亲关注一下女儿的穿着。遭遇这么多，有可能是因为她穿得实在太容易让人注意了，特别容易让那些血气方刚、价值观扭曲、少有家教的男孩子起反应。

曾经有机会跟一些罪犯交流，年轻的他们陈述：“那天我走在一条没有什么人的马路上，看见一个小女孩穿着吊带衫，皮肤很白很细腻，我就忍不住了，一把把她拽到了街道旁的小树丛里……我很后悔，我不是故意的。”

另一个说：“那天，我看见走在前面的一个小女孩穿着超短裙，弯腰捡钥匙，我看见了她的内裤，我就忍不住了，我没有预谋。可突然发生的事，我没有控制住，我害了我自己！”

再有一个说：“我看见一个小女孩冬天穿着紧身裤，是肉色的，不知为什么我就忍不住了。过后想想，我也觉得自己简直不是人，是禽兽。”

这不得不令我们深思。

回到前面。在日本，当女孩子长到20岁的时候，必须进社区学校，女孩子们无一例外要去学关于女人的课程。

这次是学什么呢?

学习做饭菜、学习插花、学习如何自我保护、学习如何有尊严地活着、学习家庭布置、学习如何营造家庭氛围、学习如何了解男性心理、学习如何创造孩子。

这些东西听上去真玄，但似乎又感觉这些都非常重要。

如果你是个男人，正在读这本书。你觉得自己的家庭氛围好吗?你觉得你的太太了解你吗?有的男人临死之前，都在捶胸顿足说："没有人理解我，我一辈子都没有人读懂我啊。"

一个女人伟大的地方在哪里?营造一个美好的家庭氛围，让你的老公事业卓著，身在外面却想着家;让你的孩子在家里学习，自在自如。

**作为母亲，一定要知道，孩子对异性产生好感、青春期萌动，到了一定的年龄，自然而然就会发生，没有好坏，无关品质。**但家长要重点关注的是，中学阶段，避免身体接触，因为女孩子一旦有了身体接触以后，内心全部瓦解，直接导致女孩子变软弱。

初中高中阶段的女孩子，如果端庄而有尊严的样子，你一定是安全的，没有人敢侵犯你。

当女孩子被侵犯的时候，有一个方法可以避免被侵犯。方法是：当别人突然在黑暗中抱住你，非礼你的时候，请你立刻扮演他母亲的角色，大声对他说："孩子，对不起啊，妈妈没有关心你，妈妈对不住你啊，小时候让你受苦了，妈妈我没有好好保护你，你要原谅妈妈啊……"他会当即泪流满面，落荒而逃。

妈妈们更要教会女儿贵气，贵气是阻挡一切肮脏之事的屏障。贵气哪里来?培养她不贪小便宜，凡事讲究和认真就叫贵气的女孩子了。

而且，贵气总是与安全、幸运、和谐、富足和成功为伴。

# 如何培养男孩子

那么，你如果是一个男孩子的母亲，从小长到大，在他遇到困难的时候，在他想放弃的时候，在他不想再为梦想付出努力的时候，在他沮丧的时候，在他失败的时候，在他受打击的时候，请带领他念以下口诀——

男人是天，成为“天”要从一出生就开始培养。

有个妈妈写信来问，我生了两个儿子，脾气性格不一样，一个叛逆期的年龄过了还在叛逆，一个叛逆期提前了，他们整天叛逆，我觉得真辛苦啊！要如何培养他们？请告诉我，我束手无策。

怎样培养男孩子？

最简单的，就是你是一个女人，想嫁怎样的一个男人？拿出笔和纸，写上几条要求，诸如：男人要有责任感，要有担当，要负起责任，对家庭要有承诺，要懂得关心体贴女人等等。在社会上、在单位里，怎样的男人让人尊敬和佩服？大体上就照这个菜单培养你的儿子。

有哪个孩子是抽着烟出生的？有哪个孩子是染了头发出生的？有哪个孩子生下来就是吊儿郎当的？有哪个孩子是生来就叛逆的？

**生个男孩子最重要的，是帮助他建立梦想。**

没有梦想，人就不是人，是行尸走肉。人类是因为梦想而变得伟大。有人说成功挺难的，我说不成功更难；而没有梦想，还天天活着，难上加难。

染上网瘾的孩子中80%是男孩，孩子染上网瘾就是因为没有精神，没有梦想，管不住自己。而有的男孩子，平时娇生惯养，一有事就大打出手，不计后果，那是因为没有比打架更重要的事装在他心里。

男孩子长大后，如果凡事能主动，就成为人才，如果被动，就伦为奴才。

没有梦想的人永远为有梦想的人工作。心怀梦想的人，被别人喜欢和接受，并且可以赢得合作。因为，当今世界，只有合作才能强大，只有合作才能实现梦想。

男孩子做事经常动摇，也是因为没有固定的灵魂与梦想。

更加有趣并不可思议的是，你的智慧永远高不过你的梦想。这样，帮助男孩子从小建立梦想，变得更加不可忽视。

作为父母不了解，但无比重要的是，作为地球上最高灵长类动物的人类，大的梦想都与生俱来。作为父母只要为他营造和谐的家庭氛围，不去限制就行了。

在有水、有空气、有阳光的环境中，孩子的梦想会自然而健康的生长，他的特殊才华会在和平的环境中不断地显现。

这里说的“水”是指基本的生活条件，以及发展他爱好的物质保障；这里说的“空气”是指家庭的氛围，但有不少的家庭让孩子喘不过气来；这里说的“阳光”，是指在他长大的过程中，为他建立阳光的心态和正向积极的思维模式。

所以，常常意想不到的是，通常被父母漏网的孩子反而成就大业，而很多独苗一棵的男孩子，往往在父母过度关注和过度保护中畏畏缩缩。走到大街上看看，被过度保护、过度关注着长大的男孩，娘娘腔、性别特征不明显、跟人交流从不看着对方的眼睛、遇事向内缩，看他的样子真想揍醒他。

**另外，男孩的所有品格中，还有一项极为重要，那就是勇气，没有勇气一事无成。**

“恐惧”这两个字，是必须从男人字典中删除的。

哪一颗心不要用事业来支撑，特别对男孩子。哪一项事业不要用勇气来支撑。带着梦想成就事业，恐惧消失，让自信显现。

那么，你如果是一个男孩子的母亲，如何带领儿子克服恐惧，并让他的体内生长出勇气呢?

从小长到大，在他遇到困难的时候，在他想放弃的时候，在他不想再为梦想付出努力的时候，在他沮丧的时候，在他失败的时候，在他受打击的时候，请带领他念以下口诀：

当我下定决心时！当我全力以赴时！当我百分之百地相信时！当我看到

别人成功时！当有人帮助我、鼓励我时！一切都没有想象的那么难，一切都没有想象的那么可怕。把眼睛盯在目标上，困难立刻变得简单。

**再有，男孩子要有情绪控制能力。**

你去中学、大学走一遭，女孩子几乎都比男孩子要成熟，成熟不成熟的标志是情绪控制能力。情绪控制能力来自于责任感，没有肩膀、没有责任感的男孩子是家庭的灾难，也是整个社会的灾难。一群没有长大的30岁、40岁、50岁甚至60岁的“男孩子”，动不动就离婚、动不动就发火、动不动就离家出走、动不动就上网不回家。

如何让男孩子有责任感呢？在男孩子成长中，创造一切机会让他帮助父母，创造一切的机会让他帮助老师，创造一切的机会让他帮助社会。

男孩子未来三大责任：自己过得好，家人过得好，给予社会以回馈。

有的国家，在每年的最后一天，电视不播娱乐节目，要求每一位母亲给孩子做总结，或讲故事。请你也在家庭中，从365天中选择固定一天，做个总结，书面的，长久保留。

女人跟上帝说：“我要做母亲，我要生儿子。”

上帝回答：“可以，但你不能拿走孩子的自由意志，18年后必须让他顶天立地。”

请每一位母亲，陪着你的儿子成长，引导你的儿子走向智慧，并保证，不拿走他的自由意志。18年后，你可以在大街上，拍着已经长得比自己高的儿子的肩膀，自豪地跟别人说：这是我儿子！

# 爱，是不带条件的

听到这里，父母心如刀绞。孩子原来是在说自己，原来是在考验爸爸妈妈能不能继续爱他，能不能接受他这样一个残废的孩子。爸爸妈妈抱着他的遗体哭得几度昏厥过去。

这是一个真实的故事。

二战的时候，有一个美国兵，快要退伍了，退伍之前他给自己的父母写了一封信。信中说："亲爱的爸爸妈妈，我快要退伍了，你们欢迎我回来吗?"

爸爸妈妈回了他一封信："快点回来，我们做好了一切的准备，等你回家。"

接着，孩子来了第二封信。信中说："亲爱的爸爸妈妈，谢谢你们迎接我回来，我是那样地期盼尽早回家，和你们团聚。但是，我有一个请求，不知道你们能不能同意。我的一个战友，他救过我的命，他是一个孤儿，现在他的一条腿，因为战争而残废了。我想带他一起回家，今后就跟我们生活在一起，不知道你们同意不同意?"

爸爸妈妈收到这封信，商量了一下，回信说："亲爱的孩子，你尽早回来。至于你的战友，我们想，他是孤儿，又是因为战争而残疾，国家一定会安置他，照顾他的。你已经不小了，回来还要结婚、生孩子，事情很多。再说，你也知道我们家并不富裕，工作又都很忙，没有精力照顾一个没有腿的人，而且要照顾一辈子，我们实在是顾不过来。你赶紧回来，战友的事情就交给国家吧。"

这封信寄出去以后，孩子没再回信。

隔了一段时间，他的父母突然接到部队的电话："你们的孩子在一次非常偶然的事件中牺牲了。"

父母赶到部队，冲进医院，面对着盖着白布的孩子的遗体，失声痛哭。当他们掀开盖在孩子身上的白布时，他们赫然看见：他们的孩子一条腿没有了。

他作为一个残废军人快要转业要离开部队了。可是，他很忐忑，有些问题，他想了很久得不到答案：我残废了，爸爸妈妈会接受我吗？我需要他们一辈子来照顾我，他们愿意吗？我们家的经济条件不够好，会给我的父母增加负担吗？

于是，他想到了一个办法，写封信跟爸爸妈妈说：我的一个战友残废了，是我的救命恩人，看看爸爸妈妈能不能接受，愿不愿接受？

当他看到爸爸妈妈的回信：我们条件不够好，无法照顾；没有这样的能力和精力；一辈子要照顾我们实在做不了，照顾的事就交给国家……

收到信，他知道了父母的态度，他不想连累父母。于是就留在部队里，在一次偶然中战死了。

听到这里，父母心如刀绞。孩子原来是在说自己，原来是在考验爸爸妈妈能不能继续爱他，能不能接受他这样一个残废的孩子。

爸爸妈妈抱着他的遗体哭得几度昏厥过去。

“孩子，你怎么可以这样考验我们，你没有腿也是我们的孩子啊，你回家我们会照顾你的，我们会毫无怨言地照顾你一辈子的；哪怕你两条腿、两只手都没有了，我们也会照顾你的；只要你活着，只要你还有一口气，爸爸妈妈就会陪着你，照顾你。”

故事讲完了，当然不是为了听着玩的。

生活中也经常有这样的事情发生吗？让我们想一想——

当你的孩子出现一些状况、一些行为，作为父母，你看着很不爽的时候，你会怎样？你把孩子骂得狗血喷头，你甚至想放弃这个孩子。你不知道他内在其实是在考验父母的爱，就跟上面故事的主角一样。

我不够好，妈妈会爱我吗？我成绩不够好，妈妈还会爱我吗？我偶尔做了一件坏事，妈妈还会爱我吗？我任性，妈妈还会爱我吗？

孩子刚生下来的时候，妈妈跟医生说：快帮我看一看，看一看孩子的手脚好不好？手脚全不全？有没有问题？健康就好，健健康康我就满足了。

孩子长大一些了，爸爸妈妈说，他能走路会说话，跳跳蹦蹦，自己能够吃饭，真好，这样我就满足了。

可孩子上学了，我们把一大堆的要求突然放在他的面前：“你必须成绩好，必须听话，必须专心，必须上课不讲话，必须坐着不动，必须做完作业，再做几张同步练习卷，必须考到前几名……”如果他做不到我们要求的，我们就把一大堆的指责推给他，孩子在这个时候得出的结论是：“妈妈不爱我，爸爸不爱我，爸爸妈妈都对我不满意，他们讨厌我，他们不要我了。”这让他自信全毁、无所适从。

在孩子进入叛逆期之前，我们没有帮助他建立正确的价值观，我们已经生了孩子的身，但这只是硬件。

软件呢，我们给了孩子什么样的软件？

软件是指思维意识，即在孩子成长的过程中，帮助他一点一点建立正确的思维意识系统。

当孩子进入叛逆期，做一些离谱的事情时，我们无所适从，恼羞成怒，又打又骂，采取各种惩罚。渐渐地，孩子的心跟我们远了，他怕回家，怕上学。哪里轻松、哪里放松，哪里有安慰就去了哪里。

当他离家出走，跟着一帮不三不四的朋友在一起，我们到处找，找的时候想：只要回家就好，只要不做坏事就好，只要不出去害人就好，成绩好不好不要紧的……

现代教育体制下，特别是在社会转型期的教育体制下，通常20%的孩子能很快适应学校教育；30%的孩子通过努力，通过家长老师的帮助，可以适应；而30%的孩子很难适应，但可以忍受；20%的孩子对学校教育无法适应，甚至很反抗。这并不是孩子不听话，不爱学习，而是因为他无法适应这种教育方式，加上家长没有方法没有耐心，老师又顾不过来，或者家长觉得我把孩子送到学校就全由学校负责了。作为家长，作为家庭教育，要成为学校教育的补充，帮助他化解不适应，但绝不能成为学校教育的随从。

当孩子的一切都让你不满意的时候，你怎样对待孩子呢？退伍兵的故事可以给我们一些思考吗？

# 拿破仑·希尔对继母的爱

幸亏他有一位善良慈爱的继母。成功后的拿破仑·希尔说："我最尊敬的人是我的继母，是她用爱和正确的方法，改变了我的命运，给了我一切。"请允许我在此，向天下继母敬礼！

拿破仑·希尔是个全球闻名的激励大师，在他的成长过程中，究竟经历了什么，让他成为世界第一的激励大师呢？

其中的故事耐人寻味。

小时侯的拿破仑·希尔是人们公认的坏孩子。生母去世后，唯一对他关心的人没有了，他在父亲和兄弟们以及乡邻们眼中的形象变得更为恶劣，年幼的拿破仑·希尔已大有破罐子破摔的态势了。

在他9岁的时候，父亲把继母娶进了家门。为他的屡屡犯事而伤透脑筋的父亲，是这样向新婚妻子介绍拿破仑·希尔的："亲爱的，希望你注意这个全郡最坏的男孩，他已经让我无可奈何。说不定明天早晨以前，他就会拿石头扔向你，或者做出你完全想不到的坏事。未来你在这个家庭里，所有眼泪的来源将来自于他。"

出乎拿破仑·希尔的意料，听完父亲介绍后，继母竟然微笑着走到他面前，两手放在他的肩上，说："真的吗？这是最坏的孩子吗？完全不是！他应该是最优秀的才对！"继母略为停顿了一会儿，然后对父亲说："我觉得他恰恰是最聪明的一个，我们要做的事情是如何把他的美好的特质更好地发挥出来！我更相信，在未来，我幸福的眼泪、自豪的眼泪、激动的眼泪也将来自于他。"

年幼的孩子虽然不语世事，但毕竟能区分言语的好坏，拿破仑·希尔被激励了！

一年以后，拿破仑·希尔就成了当地有名的少年写手。20岁的时候，他已经被人们称之为作家了。拿破仑·希尔整整奋斗了20年，创造性地提出成功的28项黄金法则，帮助千千万万的普通人走上成功和致富的道路，成为全世界赫赫有名的激励大师。

幸亏他有一位善良慈爱的继母。继母以足够的耐心，一次次鼓励孩子，并懂得透过孩子闯祸的现象，去了解观察孩子表面现象下真实的内心。

成功后的拿破仑·希尔说："我最尊敬的人是我的继母，是她用爱和正确的方法改变了我的命运，给了我一切。"

第一次读到这则故事的时候，我把自己从头到尾对照了一下，看自己作为一个母亲的合格程度，我最多能得50分，囡还是我亲生的，我郑重地向囡道歉！

请允许我在此，向天下继母敬礼！

继母是拿破仑·希尔的激励大师，若干年后，拿破仑·希尔成为全世界无数人的激励大师。

人的潜能到底有多大，谁也说不清。父母只要知道，唯有激励能让潜能迸发。如果懂得这一点，使用这一点，对于教育孩子，足够了。

如果孩子犯错，你就笑着激励他说：成功的人天天犯错，不成功的人天天防止自己犯错，但只要一犯错就是致命的错。所以，犯错不要紧，总结一下，让自己往前跨一步，就好。

如果孩子成绩不好，你就拍拍他激励他说：是啊，我相信你是对自己这一个阶段的学习态度不满意。态度好一切都能好，态度不好，什么都不会好。改变一下态度吧，你能的！

如果孩子在学校碰到一件不公平的事，你就跟他散散步，轻轻松松激励他说，只有学会应对不公平，才能学会生存。应对的不公平越多，人就越成熟。在不公平中做出成绩，才值得骄傲。老天爷委你重任，才让你早一点面对不公平。

如果孩子问你要不要做班级干部，你就认真地激励他说，妈妈希望你能一直努力做个好班干，为更多的人服务。先成就别人，再成就自己。今天你可以在自己的简历上写：我从小学开始，就注重培养自己的管理能力，团结同学一起做事。

激励孩子，从被动变为主动，持续地、不厌其烦地激励，直到你的孩子真正地由被动变为主动。做母亲的一定要知道：如果人生是被动的，事做成了也是牺牲；如果人生是主动的，事做不成也是幸福。

在中国，家庭教育几乎空白，没有模式。家长虽然有教育的意识，但没有原则，或者非常朦胧，常常不能确信自己在教育孩子的过程中到底做得对还是不对，有统计证明，家长面对孩子的行为有90%都是错误的。

现在，至少有一个你知道是正确的，你是确认的，那就是激励你的孩子。通过你的激励，让他走向爱，走向勇敢，走向积极向上，走向独立，走向承担。

# 不做毒蛇猛兽般的父母

“你说我妈妈啊，我妈妈是毒蛇，毒蛇！”孩子很调皮，边说边学着毒蛇的样子，朝着记者，吐吐舌头。记者十分不解，连问三个孩子，孩子们都把妈妈形容成动物了，而且都是很吓人的动物，这是怎么一回事呢？

有一年的儿童节之前，电视台派记者到小学采访，记者选择课间休息的时间，在操场上，逮着几个正在玩的小朋友问：“明天是儿童节，你来说说你的妈妈，你妈妈什么样？跟我们来形容一下你的妈妈。”

“嗯，让我想想，我妈妈她是老虎！”小男孩说完就跑了。

记者吓一跳，再逮住一个孩子，问同样的问题。

“我妈妈啊，狮子！”

再逮一个，再问。

“你说我妈妈啊，我妈妈是毒蛇、毒蛇！”孩子很调皮，边说边学着毒蛇的样子，朝着记者，吐吐舌头。

记者十分不解，连问三个孩子，孩子们都把妈妈形容成动物了，而且都是很吓人的动物，这是怎么一回事呢？

记者把几个孩子叫到一起，认认真真问他们：“为什么把你们的妈妈说成老虎、狮子或毒蛇呢？”

孩子们这下子七嘴八舌，争先恐后地说：“你不知道我妈妈，她每次进我房间蹑手蹑脚，看我是不是在专心做作业。她这样轻手轻脚，突然把人家吓一跳，不是毒蛇吗？”

“我妈妈进我房间，总把鞋子拎在手上，我一开始不知道为什么，后来才知道是为了不发出声音，这样以便发现我是不是在偷看小说。”

“我妈妈不好好讲话，一跟我讲话就大声吼。整天瞪大眼睛，张牙舞爪的，一付要扑上来，吃人的样子，不是狮子吗！”

“我妈妈规定我，进爸爸妈妈房间必须敲门。可是，她自己进我房间从来不敲门，每次都被她吓一跳。我被她吓一跳的时候，她还说，那是因为我心里有鬼。”

拿着这则报道跟很多家长谈，妈妈们有的感觉很好笑，有的感觉震惊，有的听了双手一摊说“没办法”，有的无可奈何地叹口气，有的是完全没想到孩子这样看自己。

家长认为，如果我的声音不提高到这种程度，孩子就不听！结果孩子就把你评价为，有暴力倾向的，像毒蛇猛兽一样的爸爸和妈妈。

这一切都是因为家长讲话不算数，久而久之造成的。比如，你跟孩子坚定有力地说一遍：“吃饭了”就行了，不要再说第二遍，他不来，你们自顾自吃。你不断地催他，他就认为，催不到高八度的声音，还不用去做，妈妈一定会再催的。孩子还从中得出一个结论，做什么，妈妈都会不断提醒的，等提醒得她发急了我再做不迟，之前的提醒没有多大实际意义。到最后，真来不及的话，妈妈还会帮我，何必一说就去做呢？你听一听，事情到底是他的还是家长的，你搞混了，孩子也搞混了，怪谁？

每一个机制下，孩子都有一个应对的方式。家长们，先检查自己制订的机制。

每次跟孩子们在一起，都要对他们一一采访。

“请你说出你最讨厌父母什么行为？”孩子们回答很踊跃。

“我讨厌妈妈整天唠叨！”

“我不喜欢爸爸经常喝醉！”

“他们说话不算数，答应我们的事都要赖！”

“我妈妈从来不相信我，整天瞎猜我跟谁跟谁好，真没劲。”

“我不喜欢妈妈整天拿我跟同事的小孩比。”

“我不喜欢他们为一些鸡毛蒜皮的事吵架！我看见他们就生气，说我是小孩，他们才是小孩。”

“他们为了无聊的事吵架，还说不离婚是为了我！”

纪伯伦说：

孩子其实并不是你们的孩子，

他们是生命对自身渴求的儿女，

他们借你们而生，却并非从你们而来，

尽管他们与你们同在，却并不属于你们。

你们可以把你们的爱给予他们，

但不能给予思想，因为他们有自己的思想。

你们可以庇护他们的身体，但不是他们的灵魂。

让我们学习更懂自己的孩子吧！听一首妈妈唱给孩子的歌《我想更懂你》：

孩子——

每次我想更懂你

我们却更有距离

是不是都用错言语，也用错了表情

其实我想更懂你

不是为了抓紧你

我只是怕你会忘记

有人永远爱着你，爱你

妈妈——

请你听听我的真心话

你每天看着我长大

但你是否了解我内心矛盾的对话

你板着脸孔不屑地对着我看

我的视线没有勇气

只好面对冷冷的地板

这就是你，这就是我，我们之间的互动

何时开始慢慢加以冷藏加以冷冻

我好想逃，好想躲进一个洞

我需要真正了解我的人，为我解救

这就是我的内心请你仔细地看

我试过好多次的机会想要触碰你的手

课本上说我们应是最好的朋友

但是显然不是，我叙述我的故事

# 可不可能没“代沟”

代沟的问题，困扰很多家长，代沟久了，孩子大了，根本看不起家长，家长在孩子心目中没有高度。孩子在家长心目中不孝顺、不尊重、不恭敬。如果孩子无法发自内心地行孝，而变成一种无可奈何的责任甚至负担，需要孩子用意志力来爱父母，天下孩子有多少能做到呢？不要考验孩子了，家长主动走近孩子，减小代沟，一起进步吧。

看一下，父母与子女的衣着差异很大的，一个像是“文化大革命”时代的人，一个是嬉皮士那样的人，代沟，一眼就看得出来。

改革开放30年来，代沟加深，父母与孩子间出现代沟的时间提前，即孩子叛逆期的年龄明显提前。原来是当孩子13、14岁开始有代沟，现在变成孩子小学二、三年级的时候，父母和孩子之间，代沟的现象和表现就出现了。

30年来，中国发展的主题是改革和开放，而很多父母并没有改革，也没有开放。

《弟子规》中说：“势服人，心不然；理服人，方无言。”你用家长的权势去压孩子，他心里不舒服、不接受，甚至抗拒，暂时没有表现出他的不满，是畏惧你的权威。这样的畏惧，在孩子长到小学三、四年级，最晚14岁的时候，爆发！

如何让孩子安然渡过叛逆期，只有用智慧去缩小代沟。具体介绍几个方法，请各位家长不怀疑、不争辩、长期坚持去做——

**第一，父母都要穿着时尚。不管在家里，还是在外面。**

穿着时尚代表你愿意尝试新事物。孩子期盼一个端庄、时尚、有灵气的、举手投足受人尊敬的妈妈。总喜欢穿着睡衣往街上跑的人，受孩子鄙视。

可是也有例外，一位家长跟我说：“我喜欢随意，我喜欢穿睡衣上街买个菜什么的，我孩子不批评我，他有时候跟我一样也穿着睡衣上街。”我咬着牙说：“那好吧，我不反对你们俩一起穿着睡衣奔向成功的人生。”

哎，咬得我牙痒痒，直想揍她。

**第二，永远对孩子所有的观点感兴趣。不批判，只引导。**

回忆我们自己小的时候，有一个想法告诉父母，父母好像总是没什么兴趣，总在忙他们自己的事。孩子有一个阶段特别会问问题，问一些千奇百怪的问题，你抓耳挠腮，常常答不上来。

囡小时候，我带着她去家后面的幼儿园，走过几间老旧的平房，囡指着屋檐说：“妈妈，你看，那里有很多玻璃。”这是冬天，我一看，屋檐下结了长长的冰凌，她说这是玻璃。

我该马上纠正她说：“胡说，这不是玻璃，这是冰！赶紧走！”还是：“是噢，真像玻璃，它到底是不是玻璃呢，玻璃会不会挂在这里呢？来，妈妈拿一根给你。”

“妈妈，玻璃好冰啊。呀，它化了，变成水了。”

我说：“是吗，抓在手里就化了吗？今天回家，你把手按在饭桌玻璃台板上，看看家里的玻璃会不会化。”

从小到大，孩子会问很多问题，我怎么生出来的？我长大了能不能跟妈妈结婚？为什么会下雨？小狗为什么不会说话？天为什么会黑？妈妈为什么要上班？月亮为什么一会儿圆一会儿缺？一堆一堆棉花怎么挂在天上？……那么多为什么，家长招架不住，招架不住要怎么办？这里教你一个非常简单的方法。

方法是，当孩子有那么多的观点，那么多的想法，那么多感兴趣的事情，而你又解释不清楚的时候，你就说：“孩子，问得好！你的想法真棒，你要探索的这个问题，妈妈跟你一样，也不懂，爸爸也不懂，这样吧，周末的时候，我们一起到书店去，我们去找书，查资料。你问的这个问题，书上一定有，《十万个为什么》上一定有。”

这里最坏的做法，就是不懂装懂，或者跟孩子说：“去去去，一边去，自己想去。”人之所以进步难，非常简单就是说“不懂”难，承认错误难。家庭必须建立承认错误的制度和道歉制度。

**第三，学习到老，永远不说我不会，只说我还没学。对一切事物表现出**

热情。

中华大地上一道风景——父母送孩子去少年宫，去早教机构，自己坐在那里，边等孩子边打牌，或看电视，或打毛衣。看书的，几乎没有。

了解一些你孩子正在学的专长的背景，比如，如果孩子在学舞蹈，你看书查查资料，了解舞蹈方面的艺术家，如黄豆豆、杨丽萍他们的背景。孩子走出教室，你一路回家跟他讲故事，讲舞蹈的故事和舞蹈灵魂人物的故事，以此建立孩子的兴趣并持续孩子的兴趣。

有这三条，足够用了。

代沟的问题，困扰很多家长，代沟久了，孩子大了，根本看不起家长，家长在孩子心目中没有高度。孩子在家长心目中不孝顺、不尊重、不恭敬。如果孩子无法发自内心地行孝，而变成一种无可奈何的责任甚至负担，需要孩子用意志力来爱父母，天下孩子有多少能做到呢？不要考验孩子了，家长主动走近孩子，减小代沟，一起进步吧！

# 这些话你说过吗

如果你真的希望孩子有出息，你一定要懂得家里最需要什么文化氛围。最需要的是家庭文化的提升，最需要的是把孩子当做平等的生命，最需要的是放下作为父母的权杖。

你的每个思想都是真实存在的东西——它是一种实实在在的力量，以不可思议的方式在起作用。并且，你常常说的语言统统都将变成现实——它更是一种力量，如果你敢不断重复某些语言的话。

如果你看过《秘密》《吸引力法则》《细胞记忆》和《水知道答案》等书籍或电影，你一定知道我在说什么。《秘密》《吸引力法则》《细胞记忆》和《水知道答案》一直在教导我们，你拥有改变一切的力量，从思想开始。

选择什么样的思想主宰你，由你自己选择。

除非你用持续的思想召唤，否则不会有任何有趣的经验进入你的生命，听起来这很难让人接受。不过，如果你选择相信和照做，结果会很棒的。这意味着，不论你生命中曾经存在什么现实，都可借由思想意识的更新来解除，也可以借由思想意识的变化来转变，更可以借由建立新的思想意识来创造。

你要知道，并且相信，你的生命活成什么样，就掌握在你手上。不仅如此，因为你已经做了父亲或母亲，孩子的生命活成什么样子，也掌握在你的手里。

“我只要好的事物进入我的生命！”你说。

我知道你是这样想的，不论你选择去想什么，生命经验都将如实呈现。

现在你知道了。

请认真检查一下，你在日常生活中到底选择了一些什么思想、什么语言、什么行动呢？那些都跟你所要的一致吗？你现在要真正地做个清理和抉择。

打开脑袋、打开心灵，该丢的丢，该留的留。千年暗室，一灯即明。统统拿出来，看一遍，晒一遍，洗一遍。

孩子的未来以什么模样呈现，作为父母，你大权在握，具有掌控力。

所以，现在我来问你，你家的习惯用语是什么？拿出笔和纸，把跟孩子的常用对话，记录下来，一一对照。语言习惯是家庭的未来。语言习惯甚至可以从人的面相上看出来，不好意思，也许说得太实在。有的人的面相，尖酸刻薄，这是因为他经常说尖酸刻薄的话。

以下这些是最伤孩子的话，你们经常说吗，还是比这更难听？

1. 笨蛋，没用的家伙！

2. 你怎么这么不听话！

3. 烦死了，一边去，自己去玩！

4. 我说不行就不行！

5. 不听话，我就把你关在黑屋子里！

6. 跟你爸一样没出息！

7. 我再也不管你，随便你好了！

8. 你真行，居然做出这种事！

9. 又错了，真笨！

10. 一看你就没多大出息，将来就捡破烂吧！

11. 我怎么会生你这样的孩子！

12. 都是一样的孩子，你怎么就这么差劲！

13. 就知道玩，一提学习就没精神！

……

如果你真的希望孩子有出息，你一定要懂得家里最需要什么文化氛围。最需要的是家庭文化的提升，最需要的是把孩子当做平等的生命，最需要的是放下作为父母的权杖。

要不然，你所期盼的一切，将不会出现，你每天说的话，样样都将成真。

你说“为什么这么不听话”，孩子就越来越不听话了！你说“你怎么这么笨”，孩子真的就越来越笨了！你说“你怎么这么慢”，孩子就越来越慢了！你说“你怎么这么差劲”，孩子就越来越差劲了！你说“你怎么总是没精神”，孩子面对你的时候就越来越没精神了！

因为，你家里、孩子身上、周遭发生的一切，包括你正在抱怨的事，都是你吸引来的。我知道乍看之下，这会是你讨厌听的话。你会马上说："我可没去吸引车祸，我可没让孩子不听话，我可不想这么倒霉，我可没去吸引刁蛮的客户，我可没想去吸引债务……"可是，我要坦白对你讲：是的，这些就是你把它们吸引来的。这正是最难懂的原理，然而当你愿意接受这个难懂的原理，并把不希望发生的一切不放在嘴上说时，你的生命就彻底改变了。

抽时间，看看《秘密》这部电影吧。我的建议，在熟练掌握《秘密》的原理之前，最好每个月看一遍！

从现在开始，你能不能口吐莲花，对孩子说一些让他心花怒放，回味无穷，余音绕梁的话呢？当你的孩子长大了，一旦想起，心情一下子温暖如春呢？比如下面的这些——

1. 我爱你！
2. 你真棒。
3. 你真是太好了。
4. 孩子，幸亏有你！
5. 不要怕受欺负！
6. 你是个了不起的孩子！
7. 做得很好！
8. 干得漂亮！
9. 妈妈渴了，帮妈妈倒杯水！
10. 妈妈累了，帮妈妈洗个苹果！
11. 啊呀，真好，妈妈现在就享你的福了！
12. 作为你的父亲，我很欣慰！
13. 作为你的妈妈，我很自豪！
14. 我欣赏你做的事！
15. 多么聪明的点子啊！
16. 你真的长大了！
17. 继续尝试，你会成功的！
18. 你能做到！
19. 我就知道你能行！

20. 你会成为一个不同凡响的人！
21. 我对你充满信心！
22. 只要你尝试，就能做任何事情！
23. 谢谢你做我的孩子！
24. 妈妈需要你的帮助！
25. 帮爸爸出出点子。
26. 不要担心犯错误。
27. 你能改变世界！
28. 你真是个天才！
29. 没关系，你又不是故意的。
30. 没关系，我知道你尽力了。
31. 即使失败了，我们一样都爱你！
32. 中国需要你的智慧！
33. 你的出现，是让我们家族变伟大的！

先花一点时间，一条一条，把它背诵出来。就像考驾照时背交通法规一样。必须背得滚瓜烂熟，先由父亲和母亲之间互相考试，包含使用这些语言时的眼神、表情、语音、语调一并列入考核。

如果你有更好的跟孩子互动的语言，请告诉我。如果没有，请各位父亲、母亲，严格按照上面的这些对你的孩子说，不要任意多加一个字或少说一个字。注意要吐字清晰，语调坚定，眼睛看着眼睛，长期坚持。最最关键的是，当你自己情绪不好的时候，要坚持这样说；当孩子出现状况的时候，要坚持这样说；当你对孩子全然失望的时候，仍然要坚持这样说。

拜托了。

恭喜你，你已经开始了，开始了什么呢？开始高品质陪伴你的孩子了。

写到此，仰望天上的圆月，发自内心地轻轻祈祷——愿天下父母皆得欢心，愿天下儿女皆成栋梁！

## 家庭的暴力氛围导致孩子的暴力倾向

那是你不知道，不知道孩子是看表情读能量的，孩子看你们拉长的脸就能知道，感觉家里的氛围就能知道。吵过架的家庭气息与欢欢笑笑的家庭气息是不一样的。家长经历了几十年的世俗生活，感觉已经迟钝混浊了，而孩子的感觉还很清澈透明。

家庭至少要营造一个没有暴力的氛围！

你们夫妻在孩子面前吵架吗？你是否认为孩子还小不懂，当着他的面吵没关系呢？你知道孩子听到父母吵架有多恐惧吗？

孩子在7岁前，父母是孩子的天。在孩子的心灵中如果觉得天要塌了，会怎么样呢？

父母吵架对于孩子来说是一件让他毛骨悚然、噩梦连连的事情，他会感到极度的不安全。**如果在孩子7岁前，父母不仅吵架，还当着孩子的面打架，恐惧将伴随孩子一生。**

你说，我们从来没有在孩子面前吵。如果说这话就太幼稚了，孩子在房间里，你们在外面吵，你觉得他会听不见吗？抑或你把孩子送到奶奶家，两个人回到家里吵，孩子就不知道吗？那是你不知道，不知道孩子是看表情读能量的，孩子看你们拉长的脸就能知道，感觉家里的氛围就能知道。吵过架的家庭气息与欢欢笑笑的家庭气息是不一样的。家长经历了几十年的世俗生活，感觉已经迟钝混浊了，而孩子的感觉还很清澈透明。

有些家长跟我反映，我从不让孩子看电视剧，但是发现孩子居然会唱电视剧里的歌。很简单，这里面一定有一个渠道家长没有发现。你把孩子拎进房间，让他睡觉，你自己在客厅里大摇大摆地看电视，孩子在房间里拉个板凳坐在房门后，耳朵竖起，听电视。

曾经有好几个孩子跟我反映同样的事。

“爸爸妈妈吵架，我很害怕，我躲在被窝里哭。”

问家长，夫妻俩面面相觑，说：“我们从来没有当着孩子的面吵架。”

我们又单独问孩子，孩子说：“他们等我睡着了吵架，其实我没有睡着，我都听见了，有时候我睡着了，常常被他们吵醒。”

父母吵架让孩子没有安全感，没有安全感的孩子，他们表现为，喜欢咬手指甲，不合群，迷恋小玩具，开着灯睡觉，在群体中缩得很小或有侵略性，没有创造性，不知不觉中找一个癖好安慰自己。

父母吵架还让他们潜意识里对婚姻没有向往，没有追求，甚至躲避或厌恶。最严重的是，长大后表现同性恋倾向的比例较和谐家庭长大的孩子高得多。

请你回家作一个调查，跟孩子聊一次，问孩子：小时候，你觉得自己被爸爸妈妈伤害的，让你很伤心的事有哪些？爸爸妈妈什么方面让你讨厌，让你恐惧？爸爸妈妈当时怎么了？你当时的感受是什么？

优雅的灵魂是如沐春风的样子，是因为里面有个信念——我是安全的。

据幼儿园、小学的老师反映，现在有一些孩子有暴力倾向。孩子的暴力倾向从哪里来？家庭中的暴力氛围造成孩子的暴力倾向。孩子的暴力倾向是因为不安全感，小时候的经历，潜意识的阴影。因着反映式心灵而自发动作。

什么是反映式心灵呢？

反应式心灵，即当人们接受到一个刺激，就成为心灵资料被储存起来，这些资料是不知变通的，它会产生特定的反应。它储存了过去所有糟糕的经历，一旦遭遇紧急或危险的状况时，这个部分的心灵资料将抛出来，自动反应。

简单地说，父母吵架打架，孩子害怕，这种场景在他的心灵里面有记录。未来有类似场景时，孩子为了避免自己害怕，为了保护自己，要不躲开人群，要不提前攻击别人。孩子每一次的攻击行为，都是渴望得到关怀和对爱的呼求。暴力倾向的后面，家长要去看到孩子内在的脆弱。

这是孩子有暴力倾向的一个原因。

当然，更直接的是，家长暴力对待自己的孩子，打、骂、惩罚、示众、嘲笑等等，更容易造成孩子的暴力倾向。

**驾驭孩子的方法有两种，一种是驾驭思想，一种是使用武力。**你要选哪一种呢?

哪一天你没有忍住，把孩子打了，等你平静了孩子也平静了，你要去跟孩子进行平等谈话：妈妈这一次打你了，是妈妈态度不好，妈妈是爱你的，却伤害了你。

爸爸在家唉声叹气说：“我的三个副总都辞职了，真不知道他们是怎么想的!”

一旁的儿子听了，心想：我要能辞职我也辞。辞了爸爸换个爸爸。

好的心态，才能与外界有好的对接。父母要充分重视孩子心态。要不然，无知将令你付出最高昂的代价!

# “孟母三迁”的背后隐藏着什么智慧

如果你生了这样一个孩子，就要像孟子的母亲一样，特别关注他周围的环境，因为在他所认可的团体里，有佼佼者出现时他一定模仿。父母的智慧是关注孩子交什么样的朋友，或者说帮助他选择朋友、选择环境。

“孟母三迁”故事，你听过吗？

早年，孟子一家居住在城北的乡下，他家附近有一块墓地。古代的祭祀活动非常隆重。墓地里，送葬的人忙忙碌碌，每天都有人在这里挖坑掘土。死者的亲人披麻戴孝，哭哭啼啼，吹鼓手吹吹打打，颇为热闹。年幼的孟子，模仿性很强，对这些事情感到很新奇，他看到这些情景，也学着他们的样子，一会儿假装孝子贤孙，哭哭啼啼，一会儿装着吹鼓手的样子。他和邻居的孩子嬉游时，也模仿出殡、送葬时的情景，拿着小铁锹挖土刨坑。孟母一心想使孟子成为好读书、有学问的人，看到儿子的这些怪模样，心里很不好受，感到这个环境实在不利于孩子的成长，认为“此非所以居吾子也”，决定搬家。

不久，孟母把家搬到城里。战国初期，商业已经相当发达，在一些较大的城市里，既有坐商的店铺，也有远来做生意的行商。孟子居住的那条街十分热闹，有卖杂货的，有做陶器的，还有榨油的油坊。孟子家的西邻是打铁的，东邻是杀猪的。闹市上人来人往，络绎不绝。行商坐贾，高声叫卖，好不热闹。孟子天天在集市上闲逛，对商人的叫卖声最感兴趣，每天都学着他们的样子喊叫喧闹，模仿商人做买卖。孟母觉得家居闹市对孩子更没有好影响，于是又搬家。这次搬到城东的学宫对面。

学宫是国家兴办的教育机构，聚集着许多既有学问又懂礼仪的读书人。

学宫里书声琅琅，把孟子吸引住了。他时常跑到学宫门前张望，有时还看到老师带领学生演习周礼。周礼，就是周朝的一套祭祀、朝拜、来往的礼节仪式。在这种气氛的熏陶下，孟子也和邻居的孩子们做着演习周礼的游戏。“设俎豆，揖让进退。”不久，孟子就进这所学宫学习礼乐、射御、术数……孟母非常高兴，就定居下来了。

孟子长大后成了孔子的孙子子思的学生，成为继孔子去世100多年后，真正继承和发展孔子学说的人。孔子和孟子智慧的结合被称为儒家文化，即“孔孟之道”，成为中国传统文化最重要的部分。

而造就孟子的是他的母亲。

孟母三迁的背后，是母亲的智慧，她的智慧在于始终关注孩子的状态。后来孟子的学说被认为可以用“人是环境的动物”来概括。就因为孟子是最容易受环境影响的一类人。

其实，并不是所有的人都是“环境动物”，还有一种人创造环境。而孟子确实是“环境动物”，并且他是“环境动物”这个事实在他很小的时候，就被妈妈发现了。妈妈为此还不断地采取措施，为他创造环境。

美国一家机构用了86年的时间，用科学研究证明，人类与生俱来的性格，分为三大类。

**第一大类叫自我型性格。**

自我型性格的人就是创造环境的人，他们从小的表现，从来都是孩子王，喜欢跟比自己大的孩子玩，我行我素，有霸气，吃软不吃硬，企图性和目标性非常明确。别人说什么影响不了他，他有自己的主意，属于领袖性格。

对照一下，如果你的孩子是这一类性格，好消息是，这是领袖性格，坏消息是他很难调教，需要父亲和母亲极大的智慧和耐心，很考验家长的能力，家长特别要重视的是，从小帮助他建立正确的价值观，因为他容易成为领袖，也容易成为“黑社会老大”。

这类性格还分自我中心型性格、自我意识型性格和自我矛盾型性格。

自我中心型的性格是人类中最自我，性格最强的一种。他们做事认真、尽职、霸气，容易引起人际冲突而不自知，是典型的吃软不吃硬的性格。

自我意识型性格的人主观性强，固执己见，做什么都要理由，不确定的不做。

自我矛盾型性格的人，性格充满矛盾，情绪上来冲突立即发生，常常变化多端，自我否定。养育他就是养育情绪，培养他控制情绪的能力是一切的首要。他需要经常得到人们支持，并且帮助他找问题。

**第二大类是逆向思考型性格。**

这类人不喜欢人云亦云，不随波逐流，常常被误会是不听话的人，非团体动物，总想表现与众不同的一面，极端的时候，你让他往东他一定往西。因为好奇去做很多尝试，思路敏捷。喜欢掌声和赞美，吃软不吃硬，属于领袖性格。

如果你生了这样一个孩子，更考验家长的能力。因为教育这一类孩子更需要用方法。父母跟他的互动要注意的是，重视契约、奖罚分明、说到做到，有时候需要在不伤害到身体的情况下，家长有耐心地看着错误发生，然后他自己就会明白。

**第三大类是社会型性格。**

这类人喜欢被安排，人云亦云，没有主见，偏好按部就班、循序渐进。重视人际关系，配合多、自我少，团体动物，他是团体的润滑剂，热心，不想让别人尴尬，在意别人对他的看法，最大的特点是学习和模仿，孟子就是这类性格。

如果你生了这样一个孩子，就要像孟子的母亲一样特别关注他周围的环境，因为在他所认可的团体里，有佼佼者出现时他一定模仿。父母的智慧是关注他交什么样的朋友，或者说帮助他选择朋友，选择环境。

各位家长，再一次对照一下，你的孩子是什么性格，请按照他的性格，用智慧跟孩子互动。

特别要提醒的，以上的三大类为人类主性格。主性格是正常情况下表现出来的性格。

必须注意的是，人类还有潜意识性格。什么是潜意识性格呢？潜意识性格是当你的孩子情绪不好的时候表现出来的性格。即发火的时候、状态不好的时候表现出来的性格。

潜意识性格有固执性坚持、情绪性对立、情绪性坚持、矛盾性对立、反抗性对立等等，这些性格听上去就很可怕。当人类进入到情绪不好的状态表现出来的性格，几乎都是负面性格。所以，有智慧的父母，一定不要在孩子情绪不好的时候讨论问题，因为情绪不好的时候，你说什么他都听不进去，都表现为抵触和抗拒。孩子情绪不好的时候，请不要数落他，等情绪恢复正常再讨论问题。

孟子的母亲在两千多年前，就懂得耐心观察、摸清性格、实施教育，结果是事半功倍。

**孩子的教育，不是时间的多少，而是面对面时的有效性，而有效性，来自于父母对孩子性格的掌握。**

当你按他的性格跟他互动的时候，孩子一定觉得轻松和自在，自豪和幸福。

他一定会常常跟别人说：我的父母懂我！

# 第五章　家长应有的智慧

智慧地做家长，是你唯一的路。

你的学识增加，孩子的学识就增加；你的情绪管理能力提高，孩子的情绪管理能力就提高；你大度，孩子不会狭隘。家长还没有成长为人，孩子如何成长为人？

举个例子，有的孩子先天体力旺盛，无法安静做作业，家长要让他先运动，花掉体内一半的气力，再让他做作业，他才能安静地做，这就叫智慧。

比起承受未来的不幸，家长们提高培育孩子的智慧，更容易。

# 带着孩子学习《弟子规》

如果你上网，去看新闻，每一天发生的事情，比如酒驾撞人、兄弟反目、一有钱就狂嫖滥赌、姑娘为钱卖身、老人没人养把子女告上法庭等等，你会明白，还是老祖宗说得对，我们把顺序搞反了。

清朝的李毓秀，深知中国传统文化的博大精深，不！用博大精深形容中国传统文化过于空洞。可以这样描述：一个人，活 100 岁，从一出生，一直到他 100 岁离开这个世界，每天端坐桌前，用翻书的速度一页一页，翻 100 年，也无法把中国传统经典翻完。

可是，再博大、再有价值的经典，只有运用才具有现实价值。有生之年，翻都翻不完，又如何学以致用呢?

于是，李毓秀用整整一辈子的时间，帮助我们，将大量经典作了总结。总结为这样放在你面前的、薄薄的一本书，它叫《弟子规》。1080 个字，共八章，讲述 113 件事情。“弟子”，是指学生，“规”呢，就是指应遵守的规范。

“教人婴孩，教妇初来”，《弟子规》要从小婴孩开始就边学边用，新媳妇嫁入夫家，立即学。这样，当新媳妇变成妈妈的时候，就可以带着孩子，在不经意间，把《弟子规》当口诀一样念着、念着，让《弟子规》伴随孩子长大。这就延续了一个家庭和家族的风范。

曾经有人这样评价《弟子规》，它跟四书五经放在天平的两边称，是一样重的。四书五经以你有生之年，很难读懂、读通它。但是 1080 个字，你可以读懂它读通它，甚至背诵它，然后自自然然地指导你的行为。

活学活用历史智慧，是为了让我们生活更美好。

这几年，《弟子规》为什么突然兴旺起来了呢? 因为十多年前，广东有一个企业家，在报纸上登了一则招聘启事：企业招聘一个 HR，即人力资源经理，年薪是同类工厂的两倍，应聘者不需要任何文凭或学历，只有一个条件，会背诵《弟子规》。

几乎普天下人都面面相觑，互相询问：什么是《弟子规》?《弟子规》是什么东西？为什么不要学历只要会背《弟子规》就行？难背吗？

直至今日，《弟子规》在一些学校得到普及；全国有很多教育机构开设公益课程，讲解《弟子规》；影响深远的《百家讲坛》也请了大学教授在电视上讲解《弟子规》；全国有几千家企业，长年贯彻《弟了规》，奇怪的是，这些企业贯彻《弟子规》若干年后，就不再需要规章制度了，《弟子规》就是他们的规章制度。因为，当你学了《弟子规》并加以认真的贯彻应用后，每个人的自我管理能力大幅提升，这比规章制度更有效。

《弟子规》有八个章节，分别是《总叙》《入则孝》《出则悌》《谨》《信》《泛爱众》《亲仁》和《余力学文》。这里的关键是顺序，第一顺序，在家孝，出门友爱；第二顺序，到人群中、社会中，谨慎而诚信；第三顺序，爱护大众，做亲仁的人，德行之日每天增加，过错之日每天减少；最后的顺序余力学文。把前面这些做好了，有余力的话就读点书、学点知识、学点技术。

纵观现在社会，一切都反过来了。父母认为，只要学习好，要什么给什么，至于孝顺、尊重他人、礼貌、诚信、动手能力什么的，可以不用关注。

如果你上网，去看新闻，每一天发生的一些事情，比如酒驾撞人、兄弟反目、一有钱狂嫖滥赌、姑娘为钱卖身、老人没人养把子女告上法庭等等，你会明白，还是老祖宗说得对，我们把顺序搞反了。我们遵循的顺序是，只要成绩好，其他一切好不好没关系。老祖宗让我们遵循的顺序是把孝、友爱、守信等等做好，再学点文化知识。做人的根没扎好，社会乱相必然层出不穷。

看《弟子规》中的几句话——

第二章《入则孝》第一句话："父母呼，应勿缓，父母命，行勿懒"，我们在一些企业讲课的时候，企业学员马上举手问："老师，我现在没有跟父母一起住，所以这句话用不上了。"

这句话有它的现实意义吗？当然有。不跟父母住一起，那就要做到"老板呼，立即行动，立即执行；领导有命令，不能偷懒。"这样的人在公司里才会有成长有进步有升级，不是吗？每个人不都期待人生有成就吗？仅仅做到这 12 个字，走遍天下，你必定是受欢迎的人。

第三章《出则悌》中有一句话"财物轻，怨何生；言语忍，忿自泯"。大家在一起，看轻财物，就没有抱怨和愤恨了，同事关系就变得干净简单和真实。天下反目成仇的事，90%都跟钱有关。如果有了争执，其中一方，忍一下，争吵的程度就会降低。大家就不会因为一点小事吵得越来越严重、越来越不冷静，过后修复关系很难。

第四章《谨》呢，有这样一句“事勿忙，忙多错；勿畏难，勿轻略”，有一个成语叫“惊慌失措”，一忙一惊慌就乱了，没有措施了，想不出好办法了，所以要沉着。凡事也不要怕难，抽丝剥茧，一步一步走下去，功到自然成。但也不要太轻视任何一件事，因为轻视而没想周全，小事变成大事，容易的事变成了棘手的事是常有的。

第五章《信》中，“事非宜，勿轻诺；苟轻诺，进退错”，不要轻易作承诺，不合适的事、违法的事不能承诺，如果轻易作了承诺，到时候做不好不合适，不做又违反了承诺。

第六章《泛爱众》中说“将加人，先问己；己不欲，即速已”，要求别人做到，先问问自己能不能做到。父母要求孩子，先看看自己榜样做得怎样。如果自己都做不到，请先别要求别人，或要求孩子。

第七章《亲仁》中一句：“能亲仁，无限好，德日进，过日少”，能做到亲和仁义和睦共处，非常好，这样的话，德行加厚的日子就会越来越多，犯错的日子就越来越少了。

第八章《余力学文》中看一句：“非圣书，屏勿视；蔽聪明，坏心志”，不是积极向上的、启发心智的书，不要看。因为孩子都聪明，一看就懂，就会留下印象，坏了心志和心气。长此以往，成了习气就难以纠正了。

虽然只有1080字，113件事，但我们只要对照着做一半，就能成就伟大的人生了。

有个企业家跟我说，天下哪有“下岗”这样的事，企业永远都缺人，关键是你是不是企业需要的那种人。如果老师能培养出按《弟子规》来要求自己的人，培养出多少，我的企业要多少。

家庭就缺这样的人，企业就缺这样的人，社会就缺这样的人。

一个人最初的人格建立，用这本书最好，长大一些，形成了一些不良习惯，他对《弟子规》就会抗拒。把《弟子规》当母语一样学，慢慢建立品格和形成习惯，孩子就不会抗拒。

所以，带着孩子早点学。

# 跟孩子交流，先学会问问题

孩子和成人所需要的所有品格都已涵盖其中，请每位家长熟悉这些问题，甚至把它背下来，随时随地用几个问题，提升孩子的精气神！

跟孩子交流，不要急着给答案，要学会问问题。

今后碰到孩子的一切问题，别从训斥开始，别从敷衍开始，请无论如何压住火，从问问题开始——

这里有几个版本，供你灵活使用。

**一、帮助孩子建立领袖精神，为荣誉而战！当他自私，对团体的事情打不起精神的时候。**

1. 喜欢不喜欢自私的人？
2. 既然不喜欢自私的人，那我们要不要帮助别人？
3. 你在一个班级里面，要不要为班级努力？
4. 为班级努力、作出点牺牲你愿不愿意？
5. 为班级早点起床有没有问题？
6. 为班级动作快一点有没有问题？
7. 要不要为班级争荣誉争分？
8. 为班级冷一点热一点是不是问题？
9. 为班级感冒了要不要继续参战？

**二、帮助孩子以他喜欢的方式建立梦想，当他无精打采、对前途一片茫然的时候。**

1. 想不想周游世界？
2. 想一个人在一个屋子里待一辈子吗？
3. 一点儿也不想出名，只想像虫子一样活着，是不是？

4. 长大以后要不要做一个成功人士？

5. 活着要对国家要对民族有贡献，是不是？

6. 喜欢死气沉沉的人还是有激情有活力的人？

7. 要不要光宗耀祖成为父母的骄傲？

8. 愿意不愿意为别人带来快乐？

**三、帮助孩子建立成长的耐心，跟孩子一起为未来打好地基，当他对学习失去兴趣、喜欢抱怨的时候。**

1. 要把课文读好，一开始不读错可不可能？

2. 成长就一定会出丑，出丑就一定会成长，对不对？

3. 为了成长，要不要找机会出丑？

4. 答错了要不要紧张？要不要难为情？

5. 爸爸妈妈数落你，要不要无地自容？

6. 让自己快一点成长，说上台就上台，说跳舞就跳舞，说表演就表演，能不能？

7. 做好心理准备，要为成长而出丑了，对不对？

8. 到现在已经做好心理准备了，让干啥就干啥了，对不对？

9. 到现在碰到什么问题，决定不去抱怨别人了，对不对？

**四、帮助孩子建立快乐做事的方式，当他觉得无趣、厌烦的时候。**

1. 喜欢做有意思的事还是喜欢做没意思的事？

2. 有意思的事想不想把它做好，做完整？

3. 有的事不太有意思怎么办？

4. 没意思的事情可不可以有意思地去做？

5. 有人跳舞有意思有人跳舞没意思，没意思要有意思地去跳，好不好？

6. 想学会“做有意思的事，有意思地做事”，对不对？

7. 这事本身没意思但要不要让过程有意思？

8. 从现在开始想很压抑地学习还是很开心地学习？

**五、帮助孩子建立勇气和意志力，当他想半途而废、经不起考验的时候。**

1. 觉得自己挺勇敢的举手？

2. 平时你们喜欢不喜欢懦弱的朋友？

3. 喜欢不喜欢不勇敢的人当班长？

4. “合理的要求是训练，不合理的要求是磨炼”，能不能经受磨炼？想不想经受磨炼？

5. 想接受训练还是磨炼？

6. 把学习和练习当游戏做，敢不敢？

7. 在陌生场合不怯场，勇敢地表达自己，敢不敢？

**六、帮助孩子建立孝心和爱心，当他觉得一切理所当然，从不感恩的时候。**

1. 要不要有爱心？

2. 要不要做个感恩的人？

3. 要不要帮助别人？

4. 要不要把爱心转化成行动？

5. 要不要成为可以帮助很多人的人？

6. 当别人帮助你时要不要感谢？

7. 平时班长、老师帮助你要不要感谢？

8. 父母生养我们要不要感谢父母？

9. 一个人连父母都不尊重，你敢不敢跟他做朋友？

10. 一个人连父母都不孝顺，你敢不敢跟他做生意？

11. 实话实说，想要发自内心感谢父母了，对不对？

12. 从现在开始，想发自内心理解父母了，是不是？

**七、帮助孩子建立为梦想努力的价值观，当他气馁、不想再坚持的时候。**

1. 自己有没有梦想？梦想是什么？

2. 觉得只要努力，梦想一定能实现，是不是这样？

3. 愿意为了梦想努力，对不对？

4. 觉得一定要超过父母比父母活得更有价值，是不是？

5. 一定要超过父母比父母更成功，对不对？

6. 想让父母为你骄傲，是不是？

7. 想让父母享你福的，将来有没有能力？

8. 想为父母安排好晚年，是不是？

9. 想以后变得更勇敢，有没有准备好？

10. 想要快速成长，必须敢于面对出丑！敢于面对出丑的再一次勇敢地为自己鼓掌！

**八、帮助孩子建立自信和活力，当他死气沉沉，对一切没有热情的时候。**

1. 觉得自己挺有自信，是不是？

2. 看得出来，你想让自己变得自信，对不对？

3. 觉得自己有激情有活力，对不对？

4. 喜欢愁眉苦脸、郁郁寡欢、半天都不说一句话的人，还是有激情、有活力的人？

5. 让自己变得有激情有活力，要不要？

6. 觉得自己是本班最有活力的，能不能承诺？

7. 跟老师沟通、跟父母探讨交流，变得自信了，对不对？

8. 想有一个成功辉煌的人生，勇敢地说“是”！

9. 想让人生很成功的再一次勇敢地说“是，一定”！

10. 想一辈子能帮助到很多人的再一次勇敢跟自己确认“是”！

孩子成人所需要的所有品格都已涵盖其中，请每位家长熟悉这些问题，甚至把它背下来，随时随地用几个问题，提升孩子的精气神！

孩子成长，一切都在改变，但不变的是，要善于问问题。

偷着乐吧！你一定会是一个成功的父亲，成功的母亲！

## 纠错时表达原谅之意

证严法师说：普天之下，没有我不爱的人；普天之下，没有我不信任的人；普天之下，没有我不原谅的人。何况父母对自己的孩子。

纠正孩子的错误时请表达原谅之意。

心理学上有一个研究结论：**一个孩子在7岁之前，绝对不可能存心犯错。如果孩子做了一些你不认可的事情，或者你认为十分错误的事情，对他来说都不是存心的。**不是存心的就不属于犯错。不属于犯错，你就必须淡然处之，原谅都谈不上，因为他不属于犯错。

有一个家长，在我课程上说："陆老师，你知道吗？我家小孩一岁都不到，才六个月就做坏事了！"

我问："他做了什么坏事？"

他说："我儿子把我书桌上的好多资料都给撕烂了。"

哦！这位爸爸，你这样说代表你根本没有为做爸爸而准备基本知识。要知道：孩子在4个月到6个月之间，是他小肌肉的自然发展时期，小肌肉是指手掌上的肌肉，他会不自觉地把拿到手的东西不断地撕扯。

家长的智慧，是要在这个时期，主动拿些东西给他去撕，而不是，你自己没把重要资料收好，而他抓到了，撕烂了，你还说孩子这么小就犯错闯祸！

孩子拆开东西研究，拆开一个钟或拆开电话机，这是很正常的一个事情。与生俱来的好奇心会带领着孩子去探索。探索中的孩子，并不知道毁坏了什么。

一个伟大的父亲，回到家，看到孩子用一把刀把贵重的沙发割开了，爸爸没有气急败坏，而是不急不恼地跟孩子说："告诉爸爸，为什么把沙发割开呢?”

孩子说:“爸爸，我要看看这里面到底是什么东西，这么软?”

探索是一种精神，这种精神是该被重视和培养的。这种精神很容易被家长毁灭，多数孩子的探索精神还没成形就给毁灭了，这也许是我们迟迟不得诺贝尔奖的其中一个原因吧!

**培养孩子的探索和研究精神，家长需要具备足够的耐心。**

保姆为主人看孩子，保姆进厨房没多久，出来就发现孩子把客厅的墙上都画满了画。保姆心想:这回死定了，美国妈妈回来一定一顿发火后让我走人，说不定还要我赔偿。

美国妈妈回来了，一眼就看见了儿子在墙上的作品，这位妈妈不急不恼，蹲下来跟孩子说:“我猜猜这是谁画的，谁会画得这么好呢?”

“妈妈，是我画的!”

妈妈说:“嗯，我就知道是你画的，真漂亮，真有创意。可惜这么漂亮的画，这样画在墙上的话，看到的人太少了。怎么办呢?”

妈妈继续说:“宝贝，这样好不好，妈妈给你一个大本子，你要画就画在本子上，这样妈妈可以拿去给别的小朋友看。今后，画得多了，还可以出画册，你看怎么样?”

“好的，妈妈!”孩子拿着本子跑开了。

很小的孩子，7 岁之前他根本就不懂，什么叫听话，什么叫不听话，什么叫做好事，什么叫做坏事。都是我们给贴上听话或不听话的标签，做好事或做坏事的标签!

你是合格的父母吗?纠正错误时，具有原谅的意思吗?0 到 10 分，给你自己评一下分数看，到底是多少分呢?

有人说，长大了的孩子，如果是第一次就可以原谅，如果再犯就不能原谅，是这样吗?重复发生一件事的原因我们一定要先探讨一下，为什么明知道错误还重复发生呢?在背后的原因没有找出来之前，第二次也好，第三次也好，都要原谅。

证严法师说:普天之下，没有我不爱的人;普天之下，没有我不信任的人;普天之下，没有我不原谅的人。

何况父母对自己的孩子。

法国作家雨果，写了一部史诗般的著作《悲惨世界》：

冉阿让因为给饥饿的外甥偷了一块面包而被判刑，19 年后才假释出狱。当他离开监狱的时候，狱监警告他说，假释并不等于服刑期满，你的罪是不能被原谅的，不可饶恕的。冉阿让出狱后做苦工，但假释犯得到的报酬只有别人的一半，他痛苦 19 年了还没被原谅，他不甘心被人如此欺负。于是他开始破罐子破摔，真的走上了偷窃的道路。

一天，冉阿让被教堂的主教收留。冉阿让不相信有人会关心他、照顾他，趁主教不备，他偷了教堂里的银餐具跑了，结果被警察抓到，带到教堂与主教对证。而主教说这些银餐具是他送给冉阿让的，并当场将银烛台也赠予了他。

冉阿让深受感动，他觉得自己终于被原谅了，终于被这个国家原谅了，终于被这个世界原谅了。他相信自己的存在应该有比偷窃更崇高的意义。这一转念改变了他的命运。经过 8 年的努力，冉阿让不但成为工厂的厂主，还成了受人尊敬的市长。

说到这里，你感觉到被原谅的力量了吗？被原谅的力量真是不可思议啊！

从你开始吧，试着原谅你的孩子所做的那些让你生气的，让你失望的，甚至让你绝望的那一切！跟主教相比，你一定不难做到。

更高一个层面的是，聪明的父母应该帮助孩子克服愧疚感。一个不被原谅的人，心里是有愧疚感的，愧疚感严重影响着他力量的施展。他很可能成人后还没有从原来自我否定中走出来，因为那个自我否定已经跟随他很多年了。

比如，他自我认定自己是这个家的祸患；比如，他自我认定自己是不值得被父母爱的孩子；比如，他自我认定学习不好，长大了也不会有出息；比如，他自我认定父母的离婚是因为他不听话；比如，他自我认定家人的死跟他有关，等等。

请你做个高贵的父亲和母亲吧！帮助孩子摆脱愧疚，建设新的自我认定，自我省思、调整行为，在爱中帮助孩子。

# 吃点亏又如何

富足心态的人表现为，不卑不亢，不急不躁，按部就班，有礼有节。有，先让别人，不够，就再创造。到最后，没要的自然流进来，挡也挡不住。拼命要的，要到很少，流走更快。生命法则，本来就是这样设计的。谁让你带着匮乏的心态，上了圈套。

不肯吃亏的人，就是自私的人，可惜，自私的人并不知道，也不总结，其实自私，多半也占不了多大便宜。

日本的白隐禅师，一生泰然自若，有口皆碑。由他一段“忍辱”的故事，引发我们对吃亏和自私的思考。

一对夫妇，做点小本生意，家里有个女儿，年轻漂亮，正值当年。

一天，夫妇俩发现，女儿的肚子不知什么时候，大了起来。父母当即震怒，这种事太见不得人了。在父母的逼问下，女儿犹豫再三，吞吞吐吐地说出：“是白隐禅师。”

夫妇怒不可遏，找上门去，大师未置可否，简简单单地回答：“就是这样吗？”

孩子生下来后，送给了大师。大师名誉扫地，却不以为意，天天非常细心地照顾孩子，仿佛是受人之托抚养别人的孩子一般。

事隔一年，姑娘良心发现，不忍心再欺瞒下去，向父母道出实情，孩子的父亲是在鱼市工作的一名青年。

夫妇羞愧难当，急急忙忙跑到大师面前，向他道歉，求他原谅。白隐依然轻描淡写，微微一笑。只是在交回孩子的时候，同样轻声说道：“就是这样吗？”仿佛不曾发生过什么事。

想想我们所遇到的挫折和耻辱，比起白隐禅师，算得了什么？

“就是这样吗?”那么温和，那么轻柔。这中间，恒久的忍耐，无形的刚毅，博大和包容，悲悯和慈爱，化了干戈，变成玉帛。

你的孩子自私，到社会上会不会受欢迎？在家里什么都随便他用，先给他用，省给他用，导致的结果就是，孩子不肯吃亏，更不愿分享。你跟孩子讲，这个是买给你的，不要给同学看见，不要给其他人。

你就这样教导孩子的吗？

**自私不是与生俱来的，自私是家长一点一点培养出来的，我当然不是说你存心培养，但你的所作所为已经直接导致了孩子的自私和不肯吃亏。**

随便在大街上走一走，听一听，你都会碰到以下这些——

一位妈妈在学校门口，拉着孩子的手千叮咛万嘱咐：孩子，在学校里要吃饱，妈妈一分钱也没少交，要把我交的钱全吃回来啊。傍晚在校门口接到孩子，急急忙忙问：今天老师有没有给你牛奶喝，我们是付了牛奶钱的。今天同学有没有欺负你啊？啊，什么，牛奶只有半杯啊，凭什么？我带你去找老师去……

后来，妈妈怎么也无法弄明白，孩子怎么越来越胖越来越肥，暑假里不得不去报减肥班了。

一位奶奶跟孙子说：听话啊，不听话，让你妈妈生个小妹妹，跟你抢玩具，跟你分家产。于是，妈妈有一天无意中问孩子：宝宝，妈妈再生个小妹妹好不好？孩子出乎意料地、恶狠狠地说：你生了妹妹的话，我就掐死她！

坐地铁的时候，妈妈怂恿孩子，快去抢，快去抢个座位。要不就跟孩子说：来，妈妈抱，妈妈抱你的话，就有叔叔阿姨给我们让座了。

超市的手推车里坐着孩子，妈妈推着，妈妈告诉孩子：快，快，快把手里的砂糖橘藏起来，让保安看见的话会罚妈妈的。

我不能说你们是有意的，可是，无意一样不可饶恕，你到底要培养什么样的孩子，要不要动动脑筋？教育是输入软件的过程，你为孩子输入的是富足心态还是匮乏心态，有天壤之别。

马云说，成功人的心胸是被委屈撑大的，委屈当中有一大部分就是吃亏。一个成功的人就是能用别人砸过来的砖头为垫脚，为自己打下坚实的基础。懂得这个的人，对砸过来的砖头，会认为是吃了亏还是占了便宜呢？所以要让“我”这个字，要让你的孩子“我”这个字退后，不要经常：“我”的、“我”要，“我”不舒服、“我”不同意、“我”不开心、“我”不喜欢。

我们常说忍辱负重。一个学会忍辱的人才会获得成功。吃着亏忍着辱叫做勇敢。若干年后，吃亏的和占便宜的一起拉出来溜溜，你会看到真相的。

讲一件我亲身经历的事。

记得刚从学校毕业分配进一个大型国企的时候，端午节负责分物品。那时每个职工分三斤白糖，我负责将大麻袋里的白糖，三斤一份分到各个塑料袋里，让各班组到车间来取。200多份，我们几个弯着腰分了整整半天。快下班的时候，一位30多岁的女性气呼呼地冲到我面前，手里拎着白糖，厉声问我：你称三斤糖给我们的时候，没有去掉塑料袋的分量？没有吧！必须去掉塑料袋的分量的。

我哑口无言，一脸惊恐。

从此以后，我一直很关注这位同事，我看见她经常不开心，脸上的表情永远是两种，要不是愤怒的表情，要不是就是耶稣受难状，后来她与老公离婚，老公带走了儿子。再后来我辞职离开了单位，听说，快到50岁退休年龄的时候，她因抑郁而跳楼自杀。

这一切，跟她不愿吃一个塑料袋分量的亏有关吗？

匮乏心态的人表现为：你有，我就一定要有或更多；你好，我一定更好；只会有一个人好，凭什么好的人是你？带着匮乏心态的人，比较和计较是他的生命主旋律，用成语说，叫斤斤计较，有人开玩笑说，斤斤计较的人，充其量得到两斤，因为斤斤加起来，都给了你，也就两斤。

富足心态的人表现为，不卑不亢，不急不躁，按部就班，有礼有节，有，先让别人，不够，就再创造。到最后，没要的自然流进来，挡也挡不住。拼命要的，要到很少，流走更快。生命法则，本来就是这样设计的。谁让你带着匮乏的心态，上了圈套。

# 把犹太智慧用于教育吧

人们只知道他们唯利是图，不知道他们嗜书如命；人们只知道他们四海为家，不知道他们坚守民族特性；人们只知道他们腰缠万贯，不知道他们常常忆苦思甜……

有资料说，犹太民族掌握着全世界80％的财富，人们只知道他们唯利是图，不知道他们嗜书如命；人们只知道他们四海为家，不知道他们坚守民族特性；人们只知道他们腰缠万贯，不知道他们常常忆苦思甜……

在犹太人的智慧中翻一翻，有哪些可借鉴呢？

最可借鉴的是犹太妈妈的教育思想。

犹太妈妈在孩子一岁多，刚会走的时候，一定跟他做这样一个游戏：在家里选择一个地方，让那里突然着火了，浓烟滚滚，妈妈紧张地跟孩子说：“宝贝，着火了，赶紧逃，不然没命了！”小孩子第一次碰到这样的事，通常会跟妈妈说：“妈妈，我要带走我的小汽车，我要带走我的洋娃娃，我要带走……”

大火终于扑灭了，妈妈蹲下来看着孩子：“宝贝，危险的时候，你什么都带不走，能带走的是你脑袋中的知识和智慧。”妈妈指着孩子的太阳穴说。

从此，孩子心中扎下根来的信念是，要把书都读到脑袋里去，“芥子纳须弥”，这辈子，一定要带着脑袋里如须弥山的智慧行走世间。

最可贵的是犹太妈妈们从小事着手，日复一日，年复一年，带着孩子天天背口诀——好学即敬神；知识胜过财富；教师和父母如同山一样崇高；要弯下腰才能拾到真理；学习什么时候都不迟；惜时如金；待人如己；守时勤勉；嗜书如命。

在犹太人眼中，财富不是最重要的东西。早上腰缠万贯，晚上一贫如洗，是他们的家常便饭。他们最大的“护身符”，是知识和智慧。犹太人把书当成宝贝，教育孩子一辈子爱书。

在古代，犹太人生活艰苦，但都随身带书。书被翻得破烂，舍不得丢掉，角折了，压平；书页破了，补好。直到整本书七零八落，字都已经模糊不清，便恭恭敬敬挖个坑，把书埋掉。

这几年高考后，多所学校的发生这样一件事，毕业生把书撕碎，同时从高楼上扔下，书页片片如雪花飞落。新闻报道说：“看起来很壮观。”看到这样的新闻，你的心里有一阵悲凉和不安掠过吗？

犹太男孩、女孩年满 13 岁时都要举行成人礼，这也是教育孩子的智慧。成人礼是犹太家庭生活中的一件大事，对于这个男孩或女孩及其父母来说，是个节日，庆祝仪式像婚礼一样被重视。举行成年礼，标志着孩子已经长大，可以自己履行责任了，

尤其难能可贵的是，犹太母亲们重视教育孩子，把培育孩子认为是投资未来，经营未来。发达的教育和优良的人才素质让犹太人成为一股不可忽视的政治力量和国际力量。以色列是一个书的国度，小小的以色列用几十年的时间传奇般崛起，与他们嗜书如命有关。

培育孩子方法过于单一，是中国母亲们特别要重视的问题。方法单一，只因为我们学习不够，准备不足，只有自愿把孩子推向悬崖的人，才会对教育和学习置若罔闻。

想一想，我们曾经为做母亲读过几本书呢？听说这个时期是女人成年后读书最多的时期。想一想，我们曾经因为要培育 0～6 岁的孩子读过几本书呢？想一想，我们曾经为即将要上学的孩子读过几本书呢？再想一想，我们又为叛逆期的孩子读过几本书呢？

因为学习不够，因为没有思考，当然也没有方法，所以带领孩子，都以“不经历”为主。不经历，就永远长不大。我们的孩子被筷子伤害，被自动扶梯伤害，被饮水机伤害，甚至被葡萄伤害，都因为我们的妈妈们的“不经历原则”，或“帮助孩子经历原则”造成的。

这是我们与犹太母亲在教育上的最大差别！

犹太家庭常常上演的场景是——犹太爸爸跟 7 岁的孩子说：“孩子，马上跟我一起出去。”孩子听罢，冲进自己房间，一会儿，只见他西装革履地走了

出来。这个 7 岁的孩子已经准备好了，他要跟着爸爸一起出去谈生意。7 岁的孩子深深知道，谈生意要穿西装、打领带，正装出席。

我们的孩子有几个有这样的意识呢？来自于妈妈的教育狭隘片面，只管他的肚子饱了没有，只管他这一次考多少分。

**妈妈们是该用社会的方式来教育孩子，还是以孩子是自我财产的方式来教育孩子，结果大不同。**

年轻的妈妈们，放下身段，学着犹太妈妈们，从宗教智慧、生存智慧、经商智慧、处世智慧、生活智慧、爱情智慧、教育智慧、谈判智慧等等方面，带领你的孩子。要学的很多，时间不等人，孩子在长大。

快乐地每天学一点，品味他人智慧，是让我们自己的精神更丰润，方法更丰富的有效途径。

# 曾国藩的三条识人准则

而家长经常说的一句话是："你只要成绩好，要什么给什么。家里什么都不用你管。"这是大错特错的教育思想，这样的话，孩子将成为家长的受害者。即使你家里雇了八个保姆，也要让孩子自己的事情自己做，这是原则。

曾国藩曾说，看一个家庭的孩子有没有出息，看以下三条。

**第一条，看这家的孩子几点起床；第二条，看他是不是自己的事情自己做；第三条，看这家的孩子是不是读圣贤书。**

我们一条一条地来看。

**第一条，看这家的孩子几点起床。**

那是看什么？

看一个人的自我管理能力怎么样。

俗话说，一日之际在于晨，早晨如果精神百倍，一天都会成效卓著。另外，现在还有一个说法：一日之际在于昨晚。昨晚作一些思考，做一些准备，第二天就会直奔主题，不会盲目行事。

起得来床，代表他昨天晚上，对自己的管理非常到位。能按时起床，还证明他的作息时间符合天地规律。昨晚休息好的人，嫌白天太短，夜晚太长。体力已经恢复，第二天有斗志，有气势。他对自己的事情，处理得非常有条理。

休息不好的人，第二天起不来床，起来了也是浑身没劲、哈欠连天。这样的人，心里没有动力，容易产生负面情绪，容易心灰意冷。

为什么起不来床呢？

起不来床，代表昨天睡得太晚，没有让自己该休息的时候休息，糟糕的是影响到第二天了。睡眠就是让人与宇宙频率、大自然频率接近或一致，只有这样才能消除一天的疲劳。而关键是睡眠的时间——子时必须进入睡眠。

另一个起不来床的原因是，晚上八点后吃东西。八点以后人的内脏进入整理排毒的程序，如果此时吃进东西，那么你的心肝脾肺肾加班加点，又进入消化过程，而无法进入整理排毒阶段。第二天起不来床，因为排毒没有完成。

仅看第一条，孩子未来有没有出息，看他几点起床，真正看的是从小孩子的自我管理能力。李嘉诚曾说：一个人最高的管理就是自我管理的能力。一个企业规章制度堆满半个房间也是没有用的，真正的管理是每个人自我管理的能力。**在家长或领导的眼皮底下好，不是真正的好，没有人管的时候的好才是真正的好。**

**第二条，看这家孩子是不是自己的事情自己做。**

那是看什么？

根本也是培养孩子的自我管理能力。而家长经常说的一句是："你只要成绩好，要什么给什么，家里什么都不用你管。"这是大错特错的教育思想，这样的话，孩子将成为家长的受害者。即使你家里雇了八个保姆，也都要让孩子自己的事情自己做，这是原则。

想象一下，你是一个老总，新员工来了，学历很高，工资标准也很高，而他自己的事情处理得一塌糊涂，还要别人帮他去解决问题，你会不会留下这样的员工？

想象一下，你如果是老板，孩子今后继承你的事业，而他自己的事情都处理不好，你放心让他继承吗？

所以你必须让孩子懂得，最重要的学习就是——自己的事情自己做。

家长最要不得的想法是："举手之劳，做掉算了。"家长所有的行为、对孩子的培养方向，要往哪个方向去？只有从一个地方考核，那就是当他走出这个家门，他是否搞得定自己？别人会对他怎样？用不用帮他去做属于他个人的事情？

有一年，北京一所大学的新生报到，出现了一位"齐全哥"，他的父母把他在北京上大学四年所需要用的卫生纸都带齐了，引发网上热议。

如果我有机会遇到这位同学的父母，我一定要向他们鞠一个躬，然后很好奇地问他们一个问题：请问你们帮孩子准备大学四年要用的卫生纸是如何计算数量的？你们设计他在学校里一年拉肚子几次呢？如果次数超过的话，你们要空运卫生纸到学校让他应急吗？

我不知道，他在学校里遇到的所有的问题父母是不是都为他预见到、为他准备好？如果不可能所有的问题都预见到、准备好，当他需要独立面对的时候，又会怎样？

**自己的事情自己做，就是让他自己强大起来。“我的行为是不是让他自己强大起来的？”这是家长面对孩子时，要不要帮他的唯一标准。**比如，他摔倒了，你扶起他还是让他自己站起来，这两个做法哪一个是让他自己强大起来的呢？毫无疑问，当然是第二种，让他自己站起来，因为他早晚要学着自己站起来，你就咬咬牙，引导他自己站起来。再比如，过马路，抱着他过，还是带着他教他先看来车方向，过了马路中心线再看另一边。而现实情况是，我们常常看见大街上的行人中，我说的是成人，总有一些人过马路不知道怎么过，站在马路上，不知道先看哪一边。

在你决定帮孩子之前，无论那件事多么小，你都先问自己：我的做法是让他自己强大的吗？帮他做了他早晚还得自己学着做吗？

有了答案再行动。

对于孩子，你如果把他当成你的“私人物品”，肯定培养不好；你如果把他当做社会人，只是这 18 年由你来扶养，你就一定能够培养好。

自己的事情自己做，是为他走上社会打基础，基础是从一出生就要开始打的，而不是等到他长大的那一天。爷爷奶奶们喜欢说：“还是孩子，长大了自然就会了。”不通过反复的练习，不可能长大了自然就会。

**第三条，看这家孩子是不是读圣贤书。**

那是看什么？

关于这一条，有太多的家长想不明白，为什么要读圣贤书呢，现在的小孩子都是看动画片、玩游戏长大的。但是等孩子慢慢长大，迷上动画片迷上玩游戏你就紧张了。为什么到这时候你才紧张？作为父母，你在不知不觉中，毫无培育智慧的先把孩子引上长时间看动力画片、打游戏或看电视之路，接着你又生生切断他与动画片、游戏或电视的联系，你是不是自己放火自己灭火啊。这种做法也让你跟你孩子的关系弄僵，并很难挽回。

圣贤书已经被我们丢掉了，丢掉很久了，有的家长甚至认为圣贤书是迷信，这是对中国传统文化极大的偏见。

记得小时候，家长唠唠叨叨跟我们讲：进房间要敲门；见人要微笑、打招呼；不能做伤天害理的事情；别人的东西不能拿；做人要有志气；家和成事兴；百善孝为先等等。听着这些，我们长大了，我们长大后成了受人欢迎的人和有事业成就的人。所有这些，都是做人的基本原则，都是代代相传的家风、家道和家学。一家人有一家人的样子，就看这家日常生活中，圣贤书内容的执行和体现。

有了这些，孩子偏不到哪里去。

21世纪，是中国传统文化复兴的世纪。我们不用抱怨世风日下，先看看自己的孩子，有没有读圣贤书？读了圣贤书有没有呈现礼仪风范？走出家门，是不是有家教的样子？是不是有礼有节？是不是懂事？是不是懂得控制情绪？是不是在家孝父母，出来兄弟友爱？一句话，读了圣贤书，照着做了，我们便有了做人的底气和风范。

圣贤书，儒家文化是做人的文化。

各位家长，千万不要小看了这三条。从小培养这三条，顺理成章。长大了孩子的状况不行，再补，跟孩子的关系就会僵。

对家长只有一个要求，每一天用心做爸爸，用心做妈妈。而不能随意做爸爸，随意做妈妈。

再随意，也不能丢了这三条！

# 缓揭帘，勿有声；宽转弯，勿触棱

按喇叭的行为，90%的时候不必要。如果你振振有词，认为必要，那只能说明，你认为自己比谁都重要，一路按着喇叭叫别人给你让路。你那内在的霸道，有没有被你自己发现过呢？面对一段关系的破裂，你有没有在夜深人静的时候，仰望天空，察觉原因出于自己内在的霸道呢？

“缓揭帘，勿有声；宽转弯，勿触棱”，是《弟子规》中的一句话，这句话演绎了很多的故事。一代有一代的故事，现代有现代的故事。

“缓揭帘，勿有声”，是指缓缓地掀开门帘，不要发出声音。这是有修养的表现，也是对房间里人的尊重，听上去做到并不难。可是，我们曾经看见，某一年奥运会的射击场门口，立着一块竖牌，上面用中文写着：“请把手机关闭。”

奥运会射击场，手机能响吗？当然不能。可是，据报道，有的人的手机，走哪儿响哪儿，而且响声千奇百怪，有孩子的哭声，有孩子的骂声，有怪叫声，有鬼哭狼嚎声，有讲笑话的，有做广告的。这样的声音在奥运会的射击比赛现场响起，想一想，运动员们那四年没日没夜的训练，谁能预想到，在这最后的时刻，坏在某个人的手机铃声上。你让那射击运动员除了怒不可遏，还能有什么情绪呢？

你到医院里，能不能开着手机？不能。静音或振动都不能允许，别说千奇百怪的铃声了。因为，铃声吵闹病人，更因为手机接通时的能量，会对精密的医疗器械有妨碍，所以你必须关机。

我所见识过的韩国的医院，走入医院前，必须把手机关机，而且不准抽烟。孩子们走上社会前，让他们懂得这些吧。也许并没有人要求你这样，但是，当你从容自然地做到，人们心里自然会升起一个词“素质好、有教养”。

最近网上有一段视频，一段是英国街头堵车实况，一段是中国街头堵车实况。观看者要回答这两段堵车实况有什么区别，其实一看就明了，几乎相似的十字路口的堵车状况，英国的车稍稍高档一点，中国的车稍稍普通一点。但是，这不是关键，关键是英国的堵车现场寂静无声，中国的堵车现场喇叭轰鸣。

按喇叭的行为，90%的时候不必要。如果你振振有词，认为必要，那只能说明，你认为自己比谁都重要，一路按着喇叭叫别人给你让路。你那内在的霸道，有没有被你自己发现过呢？面对一段关系的破裂，你有没有在夜深人静的时候，仰望天空，认为原因出于自己内在的霸道呢？

急按喇叭这样的行事作风，可不可能被你带到工作中，可不可能被你带到人际关系中，可不可能被你带到家庭经营中？如果带到了工作中、人际关系中和家庭经营中，那又会怎样？

一次，在法国戴高乐机场，飞机晚点，乘客基本上是要回国的同胞。同胞们急不可耐，翘首以盼，骂骂咧咧。当宣布开始检票时，同胞们一拥而上，用行动宣布自己必须第一个进入匝道。机场方面从没见识过这种阵势，立即宣布机场有“暴乱”，紧急关闭机场。过后才知道，这是同胞们的习惯。一场虚惊，无比汗颜。

“宽转弯，勿触棱”，是指转弯的时候要留有余地，要宽，与一些障碍物的距离要够，不要撞到角落上，棱角上。广义而现实地讲，一心想要那个结果，但没有留余地，触到障碍，欲速不达。

有人为这句话，做了一个实验。什么实验呢？一个国际教育机构，带着年龄在4岁左右孩子的日本妈妈和中国妈妈一起做这个有趣的实验。

你的孩子独自在玩，玩着玩着，撞到桌角上了。哇！孩子碰疼了，哭了起来。这时候，妈妈走过来了，看见了这一切，会怎么做？

中国的妈妈，抱起孩子：“啊，宝贝，不要哭、不要哭，是桌子不好，桌子撞到我们宝贝了，我们打桌子，桌子坏、坏桌子、臭桌子……”

另外的家庭场景中，奶奶抱着孙子，跟孙子说：“是爷爷不好，打爷爷，打爷爷。”

抑或是，妈妈抱着孩子，看爸爸晚回家，跟孩子说："是爸爸不好，打爸爸，爸爸又晚回来，打爸爸。"

连爸爸都可以打，连爷爷都可以打，连长辈都可以打。这样的软件从小给孩子输入后，结果会是什么？

我并不是危言耸听。

另外，孩子们在这样的过程中也慢慢懂得，连没有生命的东西，不会动的东西，都可以把责任推给它。你想你的孩子长大了，他会有责任心吗？会愿意承担责任吗？这是抱怨的源头，也是未来逃避责任的源头，更是未来不孝、不顺，悲惨人生的源头。

一次"母亲学院"的课程中，拿这个例子，分别问几位年轻的妈妈。有一个妈妈很可爱，回答我："陆老师，我家小孩两岁多，他确实几次撞到过桌角。但是，我没有抱着孩子打桌子，我觉得打桌子是不对的。我采取的做法是，把我们家所有的桌角，全部包起来了。包成圆的、软的。这样的话，孩子就是撞到桌角也没有问题，不会痛也不会受伤。"

我笑着问她："你家小孩还出门吗？这一辈子还准备出家门吗？哪一天，他要走出家门，你先期把全世界的桌角都包起来吗？"

你能够看见家长某些方面的"线性思维"方式吗？

这是爸爸妈妈对孩子采取的保护，是一种"往里收的保护"方式。我们要给予孩子"往里收的保护"，还是"向外发展的指导"呢？答案应该非常明确吧。

我们再来看实验中的日本妈妈。

日本的妈妈会怎么样？抱起孩子，先看一下孩子身上有没有伤，然后跟他说："宝贝撞到桌角了？宝贝，痛不痛啊，不痛了吗？好，那我们想一下，刚才，宝贝为什么会撞到桌角呢？嗯，是不是冲过来的时候太快了，冲到桌边来不及停住。还有，是不是太靠近它了？那好，我们重新来走一遍，好不好？这一次不要太快，离开桌角远一点，试试看。"

然后家长就带着他，再走一次："宝贝，看噢，这一次没有撞到桌角吧。为什么没撞到呢？对的，是的，因为离开它一点距离，速度慢一点，就可以绕过它。所以，就不会撞上了。要不要再走一遍，来，再来走一遍。"

撞到桌角不是唯一的结果。每个孩子都可以走得很好，都可以绕过桌角。

听上去做妈妈真麻烦，其实，没有你想得那么麻烦。你的思维意识正确，一切就都对，一切就都顺理成章。你的思维意识不正确，一切就都不对，当发现不对的时候，往往孩子已长大，纠正就难了。

举的例子有限，做法当举一反三，一以贯之。

# 引导和自我引导

人的生命没有被开发的话，是最可惜的。父亲母亲要做的，就是用引导的方法开发你的孩子，最终让孩子自我引导。孩子如能自我引导，就具备了造血功能，多棒的一种生命状态啊。

向大家推荐一本好书《张旎作文选》，这里面聚集了张旎从小学到高中的258篇周记和作文，短小精悍，声情并茂。

很多家长，为孩子的作文发愁，其实孩子更发愁。因为他没有生活，没有体验，实在写不出来。如何带领孩子进入生活、观察生活呢？这本书是榜样。

孩子看这本书，照着样根据自己的生活场景去写作文；家长看这本书，关键去看张旎的爸爸妈妈如何在重要的环节上引导孩子。

这本书写了很多事例，这些事例指导我们家长如何通过引导孩子，达到孩子的自我引导，最后培养出一个身心灵都非常健康的孩子。

从前，有两个爱画画的小孩。第一个妈妈给了孩子一叠纸、一捆笔，还有一个纸篓。妈妈告诉孩子：画完了就扔在这个纸篓里。第二个妈妈给了孩子一叠纸、一捆笔，还有一面墙。妈妈告诉孩子：画完一张就贴在墙上，我请外公外婆、爷爷奶奶，还有所有我们家的朋友来看。

几年以后，第二个孩子办了画展：一墙的画，细致认真，色彩艳丽，构图完整。第一个孩子画一张扔一张，纸篓满了就倒掉，纸用得很快，多数没画完就扔了。

**真正的教育之道是家长如何引导孩子，而不是轻易地给孩子结论。想让他将来成为一个什么样的人，就引导他去看什么。**

人的生命没有被开发的话，是最可惜的。父亲母亲要做的，就是用引导的方法开发孩子，最终让孩子自我引导。孩子如能自我引导，就具备了造血功能，多棒的一种生命状态啊。

五岁的孩子跟妈妈说："妈妈，我拿了外婆的一百元钱。"

妈妈："噢，是吗，拿钱干吗呢？"妈妈不急不恼。

孩子："我要买小贴纸。"

妈妈："小贴纸是两元钱，为什么拿一百元呢？"妈妈在引导。

孩子："因为外婆钱包里没有两元钱，只有一百元钱。"

妈妈："嗯，好的，妈妈跟你一起去把一百元还给外婆，妈妈另外给你两元，好吗？"

对孩子拿钱的行为，爸爸妈妈千万不要上纲上线，处理这类事情要游戏化，不要严肃，用孩子这个年龄认知的方式来解决。

我自己小时候，小学五年，几乎每天都拿爸爸裤子口袋里的零钱，五分，一毛，拿了去小店买一小包五颜六色的弹子糖。我很高兴，爸爸口袋里总有零钱可拿。长大了，问爸爸，知道不知道我拿零钱，爸爸说当然知道，零钱是存心放进去的，拿光了再放。

也许有的家长认为这是引导孩子偷钱，教育看结果，像防贼一样防着孩子的家长们知道，天天防着警惕着，孩子真的就成了贼。我的爸爸天天放着零钱让我拿，我并没有变贼。

过节的时候，到朋友家玩，朋友家有节日气氛，家里三个孩子，跑来跑去，我看着，感觉像是回到了自己小时候。孩子们一个个雀跃着，帮着爸爸妈妈招待客人。

一锅饺子好了，三个孩子齐刷刷地排着队每人端着一盆热腾腾的饺子出来，最小的孩子，突然喊着"烫烫"，"啪"一盆饺子翻在了地上，爸爸妈妈跑出来，一句话没说，蹲在地上，用手捡着把饺子给吃了。

各位家长，你会怎样？打？骂？数落？这样做的话，孩子心里产生的情绪可能是——我又不是存心的，我也知道做得不好，干吗这么凶？我做得不好，你们骂了我，我们扯平了。孩子本来有的内疚和惭愧之心在家长的打骂中消失殆尽。

想一想，如果你是孩子，看着自己的父母一声不吭，蹲着把地上的饺子给吃了，什么心情？

有一位我特别尊敬的老师，说自己小时候很调皮，整天闯祸。每次别人告状告到门上："你家孩子把我家孩子打伤了！"妈妈就赶紧带着孩子去道歉，妈妈朝着别人鞠躬，鞠完五个躬，跟人家说："对不起，这都是我的责任，我是妈妈，我没有教好小孩，不是我小孩子的错，全是我的错，请原谅我。"

别人又来告状："你家孩子把我家的玻璃砸碎好几块！"妈妈又带着孩子去朝着人家鞠躬，跟人家说："对不起，全是我的错，不是我小孩的错，我没有教好孩子。"

别人再来告状："你家孩子把我孩子的书包扔河里了！"妈妈又带着孩子朝人家鞠躬，跟人家说："都是我的错，我没有教好孩子，不是孩子的错，不要怪我的孩子，他没有错。"

终于有一天，还是小孩子的他躲在一棵大树后看着妈妈又给人家鞠躬了，他突然下了一个决心——今后，我再也不能让我的妈妈给别人鞠躬了。

那一刻孩子长大了。

妈妈就是持续做一件事，让孩子自己觉得我要理解父母，某一天突然长大。

有劳每一位家长，给足孩子时间，启发他思考。杜绝打骂，行事前，想一想这两个词，第一"引导"，第二"自我引导"！

## 爱他就成为他的榜样

母亲要孩子听的那些话，是软件，输入多年，如种下的种子，自然成为孩子未来人生的表达和呈现。每个家长日夜希望孩子将来成龙成凤，而孩子从小到大没见过龙，没见过凤，又如何成为呢？最后发现，成龙不容易，成凤也不容易，成为你，很容易。

爱是让自己成为方向。你是家长，你必须成为孩子的方向，成为孩子的精神领袖，成为孩子的人格榜样。

这个世界纷繁复杂，是非难辨，孩子如果没有榜样可循，没有灯塔照亮前方的路，你要孩子如何摸着瞎过日子呢？

有的父母，带着孩子闯红灯，大街上乱丢垃圾，随地吐痰。菜场上斤斤计较，一不高兴就破口大骂、振振有词。斜着眼睛看人，孩子跟着你斜着眼睛看人，看到后来，把“心”看斜了。

有的父母，年复一年，满足于追求服饰、美食、玩乐、社交，把钱花在豪宅和奢华上面，偶尔的，捐一点点钱做慈善，以满足良心的安慰，没有任何精神层面的追求与爱好。你希望孩子仿效你的生活方式吗？

有的父母，年复一年，工作上消极怠工，抱怨连天，30 年的职业生涯，连个班组小组长都没做过，坐到晚饭桌上就开始骂领导、上级，甚至国家。你希望孩子长大活得跟你一样吗？

你没有办法当一个负责任的大人的典范，却要求孩子这样那样。

课程上，总有家长焦急地问：“老师，孩子不听话，怎么办？”

老师：“你希望他听你的话，对吗？”

家长：“对，可是他不听，一句也不听。”

老师：“你确认，你希望孩子听你的话，听你的话你会很开心，对吗？”

“嗯，是的，可是，他就是不听话。”

老师：“来，你跟我站到穿衣镜这里来，来，仔细地端详一下你自己。然后再跟我确认一下，你希望孩子听你的话，若干年后变成你这个样子，你要吗？”

“不要，我不要。我希望孩子听我的话，但不希望他将来变成我这个样子。”家长的声音一下子小了很多。

母亲要孩子听的那些话，是软件，输入多年，如种下的种子，自然成为孩子未来人生的表达和呈现。

每个家长日夜希望孩子将来成龙成凤，而孩子从小到大没见过龙，没见过凤，又如何成为呢？

最后发现，成龙不容易，成凤也不容易，成为你，很容易。

课程中，问一个孩子：“爱妈妈吗？”

孩子回答：“爱。”声音很小，听得出很勉强，还好，孩子没有说：不爱！或者：恨！这个孩子起码还知道自己是小辈，尊重还留在心里。

老师：“爱妈妈什么？”

孩子抬头看了我一眼，扭过头去想了想，又看了我一眼，说：“不知道。”

看得出，孩子多么想找到一条让他自豪的妈妈的优点啊。但他好像想了又想没找到，孩子尽力了。

曾经发给母亲们一张纸，让她们写下自己孩子的特点，收上来的时候，特点被母亲们分了两栏，优点和缺点，有趣的是，优点的地方几乎空白，缺点的地方一口气写了十多条。跟孩子们找不到父母值得爱的地方异曲同工。

我多么希望从孩子的嘴巴里听到：

“爱爸爸顶天立地，坚持不懈！”

“爱妈妈富贵美丽，人格独立！”

高铁上，邻座是一对母女，提很多东西，坐下前，女孩几次跟自己的妈妈说：“这个，妈妈我来。”

“妈妈我来放。”

“这个，妈妈我来拿着。”

正值所谓叛逆期的孩子，跟妈妈这么亲密，这么懂得照顾妈妈，不多见。

车开时，女孩坐着看书，神态安静。

我借由问她看什么书，与她交谈起来："这么主动帮妈妈，真是个好孩子。"

女孩："从小看到妈妈做力所不能及的事，特别佩服妈妈。"

"你从小到大，听到妈妈说得最多的一句话是什么？"

女孩："力所不能及的事做熟了，就是力所能及的事了。"

"看到妈妈做力所不能及的事，特别佩服妈妈"这句话，永远留在了我心里。

你让孩子看到的是什么呢？

就算你怎么做，都无法成为孩子的榜样，那么，请你经常跟孩子聊聊天。

问问他："你崇拜谁，你的榜样是谁？为什么？"

他也许回答说："周杰伦！"

听了这回答，你不要发急，你只能怨自己何以没有成为孩子的榜样。

你继续问："那你希不希望像周杰伦一样，给别人带来快乐呢？妈妈告诉你，只要你给别人带来快乐，才会有成就感。"

你以为巴菲特只会做股票吗？你以为比尔·盖茨只会做电脑吗？**一个人最大的成功是教育的成功，教育成功的秘诀是，你始终是孩子的榜样！**

# 第六章　安然度过叛逆期

“叛逆期”有没有定义？有又没有。

有的孩子有叛逆期，有的孩子没有叛逆期；有的孩子叛逆了一辈子，有的孩子不懂什么叫叛逆期；有的孩子叛逆期提前，有的孩子叛逆期滞后。

通常，叛逆期在13岁左右，这个年龄的孩子开始有了自主意识，顺受能力减弱，反抗性增强。对家长的一些行为原本忍耐着，现在表现了出来。13岁前的所有压抑，都会在叛逆期爆发出来。所以，家长关注的是叛逆期前孩子的心态、心理和日常表现。13岁前关注得好，叛逆期安然度过，13岁之前关注得不够，考验父母能力的时候到了。

性格强的孩子，在叛逆期前价值观基础要打得扎实，打不扎实，这时候就分不清好坏对错了，只一味地反抗。

叛逆期前父母着重帮助孩子建立正确的价值观，叛逆期期间父母要懂得向孩子检讨、引发孩子的同情心和责任感，父母的表现不能太强。

家长在孩子叛逆期时，要因势而变，坚持原则，改变态度，但绝不是妥协和软弱。

# 别对孩子的早恋反应过度

谁发明“早恋”这个词的，真是害人。多大叫早恋？多大叫正常恋呢？如果13岁左右情窦初开，代表他发育正常，发育正常的孩子，就一定会对异性有一点朦胧的感觉。这个时期，男生看到美丽优秀的女生一天没来上课，心情挺失落；女生看到英俊智慧的男生从面前走过，脸红心跳。这个感觉是非常美好的。各位家长，你不也有过吗？

孩子的年龄一到13岁左右，父母就开始心神不宁，因为怕孩子早恋。有些家长甚至开始严密监视，无所不用之极。诸如偷看日记、跟踪、查短信、查QQ记录，十八般武艺样样用上了，俨然一个安全局官员。好像查不到孩子早恋的事实就不正常，挖地三尺也要找出来，捕风捉影，反应过度。

囡小学四年级的时候，带她去看望一个国外回来的朋友。朋友第一次见到囡，夸张地张开双手，瞪大眼睛，深吸一口气，看着囡说：“哇，囡囡，你长得真漂亮，嗯，又优雅又漂亮。”

囡从小弹钢琴，气质很好，跟陌生人交流没有问题。

朋友接着说：“你那么优雅漂亮，有没有收到过男孩子给你写的情书啊？到目前为止，有几个男生给你写过情书呢？可以回答我吗？”

老天爷，我家丫头才四年级，居然问她这样的问题，那时的我还没有走上教育培训的道路。我大惊失色，急忙打岔。

过后，我跟朋友讲，你怎么可以问我女儿这样的问题呢？你干吗提醒她这个，本来我就很担心她会早恋呢！

朋友很不解：“这是很好的事情，看不出你还挺保守，恕我直言，简直跟‘文化大革命’时代的人一样保守。”

记得我当时，坚决不承认自己保守。

现在，我有新的观点，跟朋友的基本一致，甚至更深刻。

谁发明“早恋”这个词的，真是害人。多大叫早恋？多大叫正常恋呢？如果13岁左右情窦初开，代表他发育正常，孩子发育正常，就一定会对异性有一点朦胧的感觉，这个感觉是非常美好的。如果到15岁还从来没有对异性有过感觉，只代表这个孩子发育不正常。

发育正常的孩子一定会在这个时期，男生看到美丽优秀的女生一天没来上课，心情挺失落；女生看到英俊智慧的男生从面前走过，脸红心跳。各位家长，你不也有过吗？

这样的感觉，被你以“早恋”定性，绝对是反应过度。说不定，当年的你意乱情迷，比孩子更早。

就算孩子“早恋”，你紧张什么？你怕什么？

怕他影响学习，成绩下降？你的思维模式认为早恋必定影响学习对吗？怕他早恋中把握不住自己，越走越远对吗？你对自己一手培养的孩子，怎么这么没有信心？你的孩子不早恋学习就一定好吗？你是否为他这样安排——好好考大学，认真读完大学呢，就可以谈恋爱了。仿佛大学毕业是一个闸门或一个开关，一到那一天，你“喀嚓”一下，可以了，谈吧！孩子又不是机器，感情又不是开关。

事物都是渐进、渐变的，突然到你规定的那一天，孩子就全然地具备谈恋爱的能力了吗？而之前从来没有心动过。当初所谓的“早恋”被你扼杀，突然间在大学毕业或25岁后被允许与异性交往，并且交往的必须是结婚对象。这样的经历，你的孩子跟异性交往时，多半是有障碍的。

生命系统对每个人来讲，每个阶段都有其特别的美好，过了就过了，无法弥补。13岁的情窦初开，17岁的朦朦胧胧，20岁的恋爱，25岁的卿卿我我，味道是完全不同的。

我自己在高中阶段的时候，暗恋班上的团支部书记，他成绩比我好得多。我暗暗下决定，一定要考上跟他一样的大学，然后向他表白。如果考不上，那我就没有脸面向他表白。我们考上大学后，其实什么也没有发生，互相从未见过面。无意中，这个同学，却成为我学习的动力。

如果你的孩子在13岁左右，完成了情窦初开的完整情愫，那么，他的情感开始于情先动、心先动。这样的情愫，会在孩子心里升起美好的情怀、情趣和追求。孩子的心理是健康的。情先动，就被情掌控。

如果你的孩子在13岁左右，发生的朦胧情感被家长粗暴无理地批判并扼杀，孩子会认为，动情是错误的，不应该的，危险的，要压抑情感，不能动情。心动了，没释放；情动了，也没能释放。

潜意识里，孩子今后就害怕动情。因为以他的经验，动情是错的；内心喜欢一个人是错的；向往一个人是错的；想念一个人是错的；看见他脸红心跳是错的。这都是错的。孩子的情愫被你生生扼杀了，扼杀的结果就是，他今后对两性关系，有批判有害怕，总之是不好的感觉。

可怜的孩子，等到他考上大学，这时，20岁左右的人，血气方刚，性已经完全成熟了，也离开父母的严密看管了。看见个大差不离的，没有动情过程的导引，直接进入性的尝试和实践。

因为动情曾经被妈妈批判，不能动情。但这时，性已按捺不住，当一切都发生了，性在一定程度被满足了，孩子突然觉得，这个朋友并不是他所要的。这时候，他才真正用心灵的眼睛去看那位的性格、脾气、修养等等，怎么看怎么不满意。可是，已经发生的一切要如何收场呢？性先动，被性掌控。

如果你的孩子，到15岁还没有对人动过心，对异性没感觉，没写过情书，我建议你找个时间，跟孩子聊聊，问他对异性怎么看？喜欢什么样的人？为什么喜欢这样的人？

再说家长，孩子的美好情感刚刚萌芽，作为父母，就产生那么多的担忧，如临大敌。是不是某种程度上，表明了家长的思想很猥琐呢？用成人的思想，去想象他们只要一有好感就可能会怎样怎样？想象力如此丰富，是因为你自己年轻的时候，无法自拔过吗？

退一步说，如果孩子真的早恋上了，你干脆就跟孩子讲："早恋啊，你爸爸我有经验，我是经历过早恋的人。结果爸爸用恋爱的力量，让自己变得伟大，变得积极向上，孩子，你想不想听听？"

"早恋的事，孩子，为什么你要听我讲呢，因为爸爸可以帮你找方法，获得那个女孩子的喜欢，这需要策略的，爸爸是过来人，有发言权的。"

"我们一起来找一找，找到那个女孩子喜欢什么？她是不是喜欢有活力的男生？有爱心的男生？学习好的男生呢？"

"有活力、有爱心、学习好，要怎么做到呢？要怎么让她也喜欢上你呢？

想一想!”

“明天开始，爸爸和你一起做运动，跟你一起把学习搞好。让她喜欢上你。”

“现在就行动!”

试着这样跟你的孩子沟通，你一定让你的孩子刮目相看，得到的效果是，你成了孩子无话不谈的知心朋友。

# 青春期萌动，重在疏导

青春期萌动在这个年龄是必然会发生的。表现在：看见异性会脸红心跳，会想跟对方说话又不敢跟对方说话，会为对方打扮自己；会不专心学习，心不在焉；会神志恍惚、心神不宁，学习成绩下降。这就叫青春期萌动。青春期萌动非常正常，但如果干扰到正事就不正常了。一个成功的人是能够把握自己的人。

我很钦佩囡高中时候的一个班主任，他真的非常有智慧。

当他接手这个班级的时候，前任班主任交代了一件事情：班上大概有六对同学是非常要好的关系。

至于是要好？是恋爱？是情侣？是早恋？影响学习还是促进学习？前任班主任也不知道怎样定性。他让新班主任要关注他们，因为他们都是很聪明、很棒也很敏感的孩子。新班主任老师于是就把这 12 个人的名字记录了下来。

新班主任是一个语文老师，他第一天走上讲台，开始若无其事地讲课，讲了一会儿以后，突然向同学们提问。

老师：“同学们，我有一个问题要问……这样一个问题，你们有没有谁要主动发言啊？……没有吗？没有主动发言的话，我就点名了，来，A1，你来说说看，这个问题的答案是什么？你来说，请起立回答问题。”

A1 是个男同学。

……

老师：“嗯，这个问题 A1 没有答全，来，请 A2 来帮助他回答。”

A2 是一个女同学。

……

老师："啊，这个问题看来对大家来说有点难，来，请 B1 来回答。"

B1 是个男同学。

……

老师："看来 B1 也答得不够全面，B2 能补充下吗？"

B2 是个女同学。

……

老师："不完整，不完整，再来一位，我们现在请 C1 来，重新回答。"

C1 是个男同学。

……

老师："天哪，赶紧的，C2 站起来，同学之间要互相关心、互相帮助，你愿意帮助 C1 来回答这个问题吗？"

C2 是个女同学。

……

就这样，老师第一天上课，就一连叫起来 12 个人，而且是一对一对叫起来的。全班同学吓一跳，老师都知道啊，12 个同学站在那里面面相觑，全都明白了，老师肯定知道这件事情。

老师叹了一口气说："这个问题 12 个人站起来了，还是没有回答完整，看来你们谁也帮不了谁啊……"

老师话题一转，说："在我们这个年纪，请各位同学不要把青春期萌动认为是爱情，青春期萌动在大家这个年龄是必然会发生的。表现在：看见异性会脸红心跳，会想跟对方说话又不敢跟对方说话，会为对方打扮自己；会不专心学习，心不在焉；会神志恍惚、心神不宁，学习成绩下降。这就叫青春期萌动。青春期萌动非常正常，但如果干扰到你的正事就不正常了。一个成功的人是能够把握自己的人。青春期萌动还不是爱情，爱情在你们这个年纪是不容易真正发生的。如果你认为真的是爱情，那就请发展下去看看，发展 5 年 10 年，到大家差不多 25 岁左右的时候，你就知道是不是真正的爱情了。所以请大家注意，什么是重点……"

以上这段话，这个老师不是说一次，说两次，而是天天说。每天在早读课上跟同学们说，说了整整一个学期。

高中毕业时，这个班级成为这所学校历史上，同学关系最密切，师生关系最密切，高考考得最好的一个班。

囡小学三年级的时候，一天回家翻箱倒柜找东西。我静静地看着她，看她找出来几本影集，我装作若无其事地问："拿以前的影集出来干吗呢？"

囡说："我们学校一个四年级的大哥哥问我要一张照片。"

我说："选好了吗？"

囡说："选好了一张。"

看她的表情，没有要躲要藏的样子。但我心里打鼓，是高年级的男孩子喜欢他吗？是早恋的苗头吗？会被高年级的同学欺负吗？要检查她的书包吗？要偷看她的日记吗？

最后决定，少想少做，静观其变。

过了一周，囡又翻箱倒柜，捧出来十多本影集，翻来翻去。我问："找照片吗，要不要帮你一起找？"

囡："上次给了那个大哥哥照片，他说那张照片，我躲在花丛中，看不清脸，所以再要一张大头照。"

这回能确定那个男孩喜欢他了吧？这回是早恋苗头了吧？这回要天天注意了吧？这回要每天检查她的行踪了吧？这回要偷看她加了锁的日记了吧？

要不要呢？想了想，还是不要。当然不要，这只是同学间的好感而已，别看得太重了。

隔一周，囡的书桌上还真有一张纸条，字写得很小，不好辨认，看了两行，看不下去。

晚饭时，问囡："你书桌上一张纸条，人家问你，在家里，爸爸妈妈叫你的小名是什么？你告诉他了吗？"

囡说："字太小了，看不清，就没看。"囡是故作镇静，还是从来没往那方面想呢？

还要追着她问吗？还要一再告诫她吗？不需要，相信她，没什么大不了的。

囡上大学后，我跟她谈起这件事，她说她记得给了那个同学两张照片，现在还记得他的名字，仅此而已。

**我的经验是，当你看淡它，可能一切都不会发生；当你耿耿于怀，一切可能会发生得很严重。**

我在囡10岁的时候就经常跟她讲妈妈初恋对象的事和爸爸初恋对象的事。有一次，跟囡走在路上，我指着一个漂亮的女人，跟囡说：这是你爸爸的初恋对象。囡马上问，那个阿姨那么漂亮，爸爸为什么跟她分手了？我会跟她细细道来：因为什么分手，爸爸看重什么品格？妈妈看重什么品格，妈妈看重爸爸什么品格，爸爸看重妈妈什么品格，才走到一起，等等话题。

囡青春期萌动期间，也就是从她12岁左右开始，跟囡交流，经常问她："有没有男孩子喜欢你？"

她说："不知道，也许有！"

上高中后，有一次囡问我："妈妈，你的初恋对象是不是一个琴棋书画样样精通的人？"

我说："对！"

隔了一段时间，我问囡："你那个琴棋书画样样精通的男朋友，怎么样？"

囡吓一跳，瞪大眼睛看着我说："妈妈你在说什么？我什么时候跟一个精通琴棋书画的人谈恋爱？"

我说："你前一阵问我，我的初恋对象的事，学校里一定有个琴棋书画不错的男孩子喜欢你，是吧？"

囡说："妈妈，你是天才啊，你是神仙啊，你怎么会知道？是的。我们上一届有一个这样的男孩子喜欢我，但是已经过去了。这个男孩子，他很优秀。可是，他几次约我吃完饭一起去学校门口买水喝，结果去买了三次饮料。第三次，那男孩子跟我说'我爱你'，妈妈我觉得，作为一个有修养的男孩子，怎么可以这么轻易地说那三个字呢。"

我问："那你觉得要多久说才好？"

囡想了想："我也不知道，但总不能是聊了总共不到半小时就说。"

囡高中时的一年，过完春节，马上就到了情人节。情人节过去了两周，我偶然到囡的房间拿东西，赫然发现桌上有一束玫瑰花，一看就知道是两周前的情人节礼物，至少有100朵吧。

问囡："囡，情人节礼物分量不轻啊！"

囡答："妈妈，一个人青春期萌动了，很快就会过去的。"

问囡："如果一直不过去呢？"

囡说："真的一直不过去的话，就值得看一看了，聊一聊了，谈一谈了。"

真有智慧，智慧来自于囡的这个班主任老师。

让我们感谢这位老师，在孩子们这个年纪必然会发生的事情上，用幽默和轻松化解了一切。让孩子们懂得进去，更懂得出来。孩子们都知道：我现在正青春期萌动，有个人闯进心里来了，但是一段时间过后，一切都将恢复正常。

孩子们，让青春期萌动，好好地来，好好地去！老师祝福你们！

## 强忍着的孩子

妈妈你干吗不买新衣服，所以你比我们同学的妈妈都老，又老又难看，同学都说你穿的是“文化大革命”的衣服；妈妈你干吗不好好睡觉，我不用你管；妈妈你干吗不看电影，所以你老听不懂我说话；妈妈从不学习，从不接受新东西，我们的代沟越来越大了。哼！

一篇孩子的得奖征文，文章的题目就叫《强忍着》：

我特可怜我母亲，我特恨我父亲。我妈每天上班很累，回家以后做饭洗衣服料理家务都是她做，我看她一天到晚忙得筋疲力尽。就在这么忙的情况下，她每天还腾出三四十分钟数落我、批评我。她说的话还那么没水平，还没我水平高呢，你说我妈有多可怜。我父亲呢，他在家里，除了骂我，话很少，整天拉长个脸，一根一根地抽烟。21 世纪了，他不民主，居高临下。他怎么说，我就得怎么做，我要反驳他，他就揍我。

对我的父亲母亲，我就是三个字：强忍着。

你一定看出来了，文章中最有趣的那句说自己母亲的话：“就在这么忙的情况下，每天还腾出三四十分钟数落我。”

你看见了吗？当妈妈数落孩子的时候，孩子对妈妈怜惜的情绪发生了变化。

妈妈用做家务的方式，对家庭和孩子付出爱，孩子看在眼里，感受在心里。可是，当妈妈没水平地数落孩子的时候，爱的感受消失了、转化了，久而久之，转化成了一腔的不满，然后“强忍着”。

如果总是“强忍着”，哪一天忍不住，会表现为不屑一顾，甚至“离家出走”吧！

而在中国家庭里，父亲的爱通常孩子看不见，感受不到。有的孩子，在我的课程上，通过大量的分析判断，终于找出一些蛛丝马迹，勉强跟我说：从这些蛛丝马迹上来看，爸爸是爱我的。孩子们感受到的父亲通常是：不民主、居高临下、严肃、训人、没有笑脸、抽烟、酒后丑态百出、说大话……

父亲的角色，一定要表现成这样吗？这样表现的目的到底是什么呢？既然做了父亲，天天面对孩子，就从不考虑孩子内心的感受吗？

也许你会对我说，对于孩子，你有太多的看不惯，有太多的不接受。如果看不惯、不接受能解决问题的话，那真是天大的好消息。但是，如果看不惯、不接受不能解决问题的话，能不能学习去了解孩子那样做的心理呢？因为，看不惯不是我们的目的，不接受也不是我们的目的。凡是你看不惯的都将成为你的障碍，凡是你不接受的都将成为你的死穴。不要待在原地了，拿出父亲必须有的勇气，走出障碍和死穴。如果你问我走出障碍和死穴的梯子是什么？我说是——沟通和学习。

我们再来看一看两边。

父母这边，督促孩子学习，帮他整理房间，做好吃好喝的给他……很多家长跟我说，我为了家为了孩子，已经几年不买新衣服了，已经几年睡不好觉了，已经几年不看电影了，天天陪着他。我给孩子足够的爱，我给孩子关怀，我足够保护他，爱护他，他怎么对我这样？

孩子这边，听着妈妈跟我说这些，回答妈妈说，妈妈你干吗不买新衣服，又老又难看，同学都说你穿的是“文化大革命”的衣服；妈妈你干吗不好好睡觉，我不用你管；妈妈你干吗不看电影，所以你老听不懂我说话；妈妈从不学习，从不接受新东西，我们的代沟越来越大了。哼！

看明白了吗？**爱要收到才叫爱！有没有爱是一回事，对方能不能感受到爱是另一回事。**

所以，这里要讲到一个关键了，就是你给出的，孩子有没有收到？你给出的东西和他收到的东西，是不是同样的东西，一致的东西？你给出的爱，他收到的是爱吗？是感觉妈妈爱我吗？不是用所谓正确的语言，而是孩子心里面充满爱的感觉吗？正确的语言如果在孩子的心中没有产生爱的感受，这样的语言就叫“正确的废话”，不是你说：妈妈为了爱你才这样啊，妈妈这是为你好啊！这不行，不是说出这种话，而是他感觉到了爱，只有他感觉到爱，那才是真的爱。

朋友之间，夫妻之间也一样，真正的帮助是对方感受到帮助，否则，再大的帮助也等于零。如果你能改进与孩子交流的方式，如果你能改进与孩子玩的方式，一切都会有大的改观的。

对于孩子的感受，心灵受到的影响，有一名诗人这么形容作为父母应有的忏悔：

世界上许多的错误和过失，我们难逃其咎。然而，最大的罪行莫过于我们不懂孩子、丢失孩子；我们忽视了生命最初的基石。有许多我们渴望的事物可以等待，但孩子们不行。现在正是他的骨骼成形，他的血液奔流，他的感觉伸展的时刻。面对着他们，我们不能回答“明天”，因为他的名字叫“今天”。

我补充一句，父母不懂孩子，再多的陪伴也是丢失。亲爱的爸爸妈妈们，我不是要批评你，请原谅我说话直接。

# 你能持续肯定和鼓励孩子吗

家长要懂得鼓励孩子去完整地完成一件事情。没有一个人是天生有耐心的，不管是成人还是小孩。坚持不是人的本性，坚持需要力量。孩子坚持的力量，来自于父母多年耐心的肯定和鼓励。

一个孩子放在你的面前，你要经营他。

经营他经营什么呢？

经营他就是经营他的状态。

状态好了，孩子就愿意克服阻力，勇往直前。帮助孩子找到勇往直前的动力，同时克服和化解阻力，一切就成了。

孩子勇往直前的动力，来自心里对梦想的追求、来自于家长的鼓励和肯定，而不是批评。

永远鼓励你的孩子，无论处于什么情况。但是，春天种的苗，秋天才成熟，所以，我们需要持续地鼓励和肯定孩子。

可以提问的场合，一定会有一个问题被家长拿来提问："我的孩子没有耐心，不坚持，半途而废怎么办？"

回答："看看我们自己的人生，对几件事有耐心、能坚持，不半途而废的？"

问："那怎么办？"

家长要懂得鼓励孩子去完整地完成一件事情。没有一个人是天生有耐心的，不管成人还是小孩。**坚持不是人的本性，坚持需要力量。孩子坚持的力量，来自于父母多年耐心的肯定和鼓励。**

人之所以普通，就是因为不能持续；宇宙之所以伟大，就是因为每天都在持续和重复。

我们在家里要做的，很具体的就是持续地肯定孩子所具有的独特的天赋才华。

持续地肯定他的天赋才华。也许你的孩子他从小蹦蹦跳跳爱唱歌。妈妈看见了，多半会批评——怎么回事？一天到晚没个安静的时候，能不能安静一点。其实你是在破坏他的天赋，天赋给他一份对音乐的直觉，而经常被你要求安静下来不准动，情绪被你破坏了，天赋才华也就日渐消失。

你的孩子可能从小表现出来的天赋是喜欢画画，拿到什么东西就画。也可能你的孩子从小有一些很奇怪很特别的爱好，这代表他的天赋是喜欢探索。这样的时候，你不能用批评、批判、打、骂的方式对待他。

每一个孩子，其实，一定都带着一份对这个世界特殊贡献的能力来的。但是，也许你认为他不在社会的主旋律上，所以你批判。

但是，谁又知道未来社会，到底需要什么样的人才呢？

劳动部在60年代末、70年代初的时候，对新中国的所有的职业进行了认定。全国大约有6000个工种，而到了21世纪，随着社会的发展和进步，一半的工种没有了。而新的工种层出不穷。比如电脑程序员、心理咨询师都是这几年出来的新工种。

未来的行业，我们都不知是什么，可能我们的孩子，他是带着未来才能来的！

清华大学不是出了一个歌唱组合“水木年华”吗？当初，他们考上了水木清华，上大学后，他们居然“不务正业”，组建了乐队，弹起了吉他。

大多数父母一定是这样想的：我好不容易把你培养成人考上清华大学，你居然不好好读书，建什么乐队？吊儿郎当地弹吉他唱歌。但是，前不久，他们的父母接受采访，为他们有这样的儿子无比自豪和骄傲。他们说，一个天才原创歌手比一个专家更可遇而不可求。

**所以，作为家长，孩子幼儿园阶段、小学阶段的时候，显现出来的一些喜好和才华，你千万不要批判，不要剥夺他的权利。相反的，你要保护和发展。**

对于孩子的天赋才能，家长要给孩子以力量，而不是一通赞美后跟一堆莫名其妙的要求。家长什么也不会，没关系，只要会拍肩膀就“行”，最多加一句：“加油！”经常拍拍孩子的肩膀，其他的不用过问太多，过问太细。

肯定和鼓励是教育中有效的武器，你要善加利用啊！

# 拖延拖出什么

有老师问：同学们，寒假里你们8点在干什么？“睡觉!”又问：“10点呢?”“睡觉!”老师不甘心，再问：“12点呢?”“吃早饭!”大家可是照实回答。看到这里，你就知道了，没有动机、没有目标的孩子包括大人，会怎样过日子。

人应该拒绝拖延，远离借口。

很多的孩子，包括很多的大人，其实都非常有才华，问题就出在拖延上了。好像觉得时间很多、光阴充足；不用着急，慢慢渡过；机会不断，不用追赶，就这样拖延下去。明日复明日，一生蹉跎。

我学钢琴的第二个月，每天跟自己说同样的话：“今天累了，明天多弹一会儿。”这就是典型的拖延!

拖延是痛苦的，能忍受拖延带来的痛苦的人，一般都有超强的耐力，因为他们必须要用一生的时间来忍受平庸带来的痛苦。他们不知道，无论做什么，“一年得其要领，三年必有所成”的道理。

讲一个老故事，题目是《80公分的人生》：

有一位父亲看到自己的孩子整天游手好闲，一天，父亲拿了一根80公分长的木棍对孩子说：“儿子，人生就好像这根木棍一样，80公分相当于80年左右的时间。前20年你在学习，这段时光你对家庭、对社会、对国家没有贡献，是纯消费人口，我们把它砍掉。”“喀嚓”一声，把木棒的前端20公分砍掉了。

接着父亲又说：“人到了60岁以后，身体比较衰弱，也没有力气做事情，所以后面20年也要去掉。”“喀嚓”一声，把木棒后边的20公分也砍掉了。

父亲接着说：“剩下的有三分之一都在睡眠上用掉了，这三分之一也不能算。”说完就又砍掉了三分之一。在这砍的过程中，儿子的内心每次听到“喀嚓”声都受到一次震撼。

接着父亲又说：“你每天要吃饭，还有其他杂七杂八的事情，所以应该再砍一段。”又砍了一段。

这时，孩子跟父亲说：“爸爸，你别砍了，我明白了。”

父亲接着说：“你不明白，因为这一生你不知道要生多少次病，躺在病床上，所以也要砍掉一些。”

孩子这时“扑通”一声跪在地上，说：“爸爸，我真的明白了。”他的父亲拿着余下的木棍，对他说：“你看人生只剩下这么短的时间能够真正做有意义的事，孝敬父母、奉献国家，既然都这么少了，你还拿来挥霍，是不是太不应该了？”

孩子终于悔悟了。

孩子有很多属于动机型的，你要帮他建立动机，他为了这个动机去学习、去完成，习惯后，凡事他自己会主动找动机。

我自己就是动机型的，记得过去，没有动机的时候，睡到中午12点起床是常有的事。《张旎作文选》中有一个小情节，作文叫《开学面面观》——回到校园，又得每天6点钟起床，以至于在教室里哈欠连天，有的同学甚至趴在桌上睡起觉来，是啊，寒假实在是起得太晚了，有老师问：同学们，你们寒假里面8点在干什么？“睡觉！”又问：“10点呢？”“睡觉！”老师不甘心，再问：“12点呢？”“吃早饭！”大家可是照实回答。

看到这里，你就知道了，没有动机、没有目标的孩子包括大人会怎样过日子。

帮助和引导孩子建立动机，小动机激发孩子准时起床，大动机帮助孩子心里装人装事，装民族，装国家，建立梦想。

告诉他，梦想不是废话。爸爸妈妈白手起家，愿望一样一样实现了。比如，为你创造有车有房的生活；比如，为你接受最好的教育支付大额费用；比如，让爷爷奶奶外公外婆老有所养，甚至周游世界。接着，你要不失时机地问孩子：你觉得等你长大，你可以为我们创造怎样的老年生活呢？经常问孩子一些问题，是简单有效的教育方法，直问到他心里面的精气神开始升出来，责任感开始建起来。经常去问，不断地问，重复地问，问过他的，都有痕迹。

还有的孩子，他的先天特性是“认知学习”，这项特性代表，当他认知到一件事重要的时候，一定会重视和学好。这就看家长有没有能力让他认知到学习的重要性了。

受了12年或15年或更长时间的教育，却没有一小时学习如何设定目标，多么可悲，不懂得设定目标的人要如何才能成功？因为不设定目标的人永远为设定目标的人工作。

小布什时代的国务卿赖斯，奋斗史颇具传奇色彩，她曾简明扼要地总结自己的经历：“因为我付出了八倍的辛劳。”白人只会讲英语，她精通俄语、法语、西班牙语，她是斯坦福最年轻的教授，她获得美国青少年钢琴大赛第一名，精心学习网球、花样滑冰、芭蕾、礼仪。白人能做到的她做到，白人做不到的她也做到。因为她把每一天当做三天花。

最后一点提醒，拖延不拖延不仅看现在，还要看孩子完全脱离了父母的看管后的状态，在家长的看管下的不算。

愿你“今日事今日毕”，带给自己的一份好心情。

# 该放手的时候

孩子一旦离开父母的看管，独立生活在社会上，自我管理能力又从未建立起来，心智没有成熟，这是家长置孩子于危险境地。这一切是父母没有远见，不负责任，没有在适当的时候放手的结果。其实，最终导致一个人成功的关键因素，不是因为他考上大学，而是管得住自己。

可能是一个极端的例子，你听了也许会不相信。但是，它真实地发生在我们身边。

一个孩子，考上清华大学，当地欢腾，所在中学奖励 6.5 万元，县城里这样的孩子不多。

一年半以后，他被清华大学开除，原因是七门不及格。为什么七门不及格，因为他每天早上去网吧，连续去了一年半。

回到老家的孩子，开始复读，再考，又考上了清华大学，所在中学又奖励 6.5 万元，一年半以后，他又因同样的原因被清华大学开除。每天在去网吧的路上，他都告诉自己：明天再也不来了，明天开始我一定好好学习。每天劝自己，劝了一年半，一天也没有把自己从去网吧的路上劝回学校过。

清华的老师和同学说，这么聪明的人，七门全都不及格，也挺难做到的。

第二次被清华开除，他上了清华的黑名单，意思是以后清华绝不再录取他。

回到老家的他，继续复读，第三次考，成功地考上了北京大学，这不得不让很多为孩子的成绩发愁的家长们啧啧称奇。

即使这样，那又怎么样呢?

同样的事情，居然又重复一次。考上北京大学的他，一年半以后，被北京大学开除，开除的原因与上两次一样。

我知道你在边看边感叹：我的孩子怎么没他聪明，我的孩子如果考上清华或北大，一定不会去网吧。

真的吗？你确认吗？

被北京大学开除后，他上了北京大学的黑名单，北大永远不再录取他。

有人说，他是为了得到中学的奖学金，才这样做的，他的母亲哭丧着脸说：天知道，绝对不是，因为这样三回下来，孩子的年龄够大了，他最初的清华同学大多都很有事业成就了。

这个孩子，最后一次考了北京的一所大学，听说这一次念得还不错，但已经三十好几了！

这样的事情一再地发生，我能想到的原因是，第一，这个孩子在家的时候，父母看管得太严了。一上大学，父母一放手，就分不清好坏，管不住自己。第二，因为父母从小用打游戏来奖励孩子。只要孩子认真看书、考得好，妈妈就奖励打游戏。孩子的思维是，只要是奖励的，都是不容易得到的、稀缺的、值得盼望的东西。所以，一旦离开父母，就疯狂地去玩游戏了，告诉自己，这下自由了，先玩个够再说。玩多久是够呢？三个一年半，才够。

孩子一旦离开父母的看管，独立生活在社会上，自我管理能力又从未建立起来，心智没有成熟，这是家长置孩子于危险境地。你一放手如置孩子于无边无际的大海中，但这时，至少孩子眼中要有灯塔，心中有灯塔，划桨的手自然踏实有力。

这一切是因为父母没有远见，不负责任，没有在适当的时候放手。其实，**最终一个人成功的关键因素，不是因为他考上大学，而是管得住自己。**

当初，孩子学会走路是多么伟大的工程，但在妈妈的带领下完成了。那么，会走了，家长每天还用扶着他吗？同样的，孩子长大了，不要再关照那么多，在旁看着，偶尔指点一下就行了。有一句歌词这样唱：走吧，走吧，人总要学着自己长大。

早一点放手，一样一样地放手。离开父母时，先学一些时间管理，因为没有时间管理意识，学什么都白搭。哲学家塞温卡说：时间的最大损失是拖延、期待和依赖将来。

父母这样小学、中学、大学，一站一站扶着他，是要让他的人生都是顺境吗？你不知道，老天爷常常调用两种爱来训练我们：顺境和逆境。没有挫折，如何强大。

讲一个老故事——

蝴蝶出生时，破茧成蝶，几番周折，过程艰难。一个孩子在一旁看着蛹破茧成蝶的艰难，用剪刀剪开了茧，蝶不费吹灰之力诞生了。因为没有经过一番挣扎，没有练就强壮的体格而破茧成蝶，一会儿就死了。

母亲的行为，是天天在帮助孩子剪开茧吧。检查一下，每天中，你有多少行为是帮助孩子剪开茧的行为。很多母亲，生孩子的时候就已经错了。当初你因为怕疼，直接让医生剖开肚子把孩子抱了出来。孩子缺失一个产程奋斗的过程，后天，妈妈要懂得补上。

该是放手的时候了，该是他吃的苦，早一点吃；该是他承担的，早一点学着承担。只要你放手，孩子就有机会遭遇痛苦、挫折、艰难和坚持了。

夜深人静的时候，你躺在床上，要问自己的是：今天，我的孩子，心更坚强了一些没有？

# 培养国际化视角的孩子

当时，看见黑人卖飞机模型，孩子喜欢，上前拿起来，看看摸摸，爱不释手。一问价钱，孩子不要，放下就要走，黑人不干了，一定要孩子买。争执起来，孩子撒腿就跑，三个黑人追出老远。在国外，不确定买就不能去碰，碰了就必须买，这是礼貌。我们没有经历过就可能出状况。

观世界，才有世界观。

今天难以置信的，就是明天习以为常的。不要怪我观念停留着没转，是因为这世界变化太快。可是，有了孩子，做了家长，观念必须跟得上时代，不能因为家长的局限，影响了孩子的眼光。

一个国际机构的调查结论：中国孩子的想象力、沟通能力、尊重人的能力，全球倒数第一，只剩脑袋里那点所谓的知识。

国际化就是见识，见多识广不露怯；国际化就是在一个地方出丑，在另一个地方应付自如。

一位妈妈告诉我，儿子 14 岁的时候，跟着一个教育机构到英国游学，跟当地黑人小贩发生冲突，5 年过去了，心里还有阴影，不肯出国。

当时，看见黑人卖飞机模型，孩子喜欢，上前拿起来，看看摸摸，爱不释手。一问价钱，孩子不要，放下就要走，黑人不干了，一定要孩子买。争执起来，孩子撒腿就跑，三个黑人追出老远。

在国外，不确定买就不能去碰，碰了就必须买，这是礼貌。我们没有经历过就可能出状况。

其实国内的商品很多也打上“贵重商品，不许触碰”的标示，只是我们太随便了，从来不从商家的角度思考问题。试为商家想一想，他打上这条标示，大概是出于无奈。

一些客人是在从来没想买的情况下，随意地把衣服摸来摸去，看来看去。

这是一条国际化的标准，家长从小教了，孩子多一份平安；没教，有可能发生很大的冲突。国际化的孩子是有国际化意识的家长培养出来的。

去年，囡参加一个培训，回来后，看着我说："妈妈，我是不是你亲生的？"

"为什么这么问？"

"因为那位老师说：孩子长到 10 岁，如果没有去过 20 个国家，这孩子一定不是亲生的。"

"老师的意思是，爸爸妈妈都要有让孩子未成年就长见识的意识。在孩子成年前，也就是可能不得不离开父母去远方之前，经常带孩子去陌生的地方长长见识。"

在我们身边，孩子 10 岁就可以由父母带着去 20 个国家的家庭少之又少，很多家庭，终其一生，也没有出过国。但这并不影响我们对孩子国际化的培养，没条件去国外，那咱们走国内。我们这么大的国家，在欧洲相当于 10 多个国家了。各地风土人情，思维模式，过法活法都非常不同。带着孩子，带着好奇，带着探索，带着吃点苦的心态，到处去走走看看。

如果走国内的条件都没有，那走省内，周末一家人，坐上长途车，一两个小时，到个小镇，逛一逛，吃顿饭，买些土特产，回来写篇周记，小日子过得多滋润。一举多得的事为什么不做，为什么不多做。

再不行，就去书店或上网，了解各国风土人情，家里所有的人参与，每人负责了解一个国家，准备好后，由孩子主持，全家人在一起分享。要求分享的时候声情并茂，有画面感，就好像你来到了这个国家，跟听众在边走边讲一样。

总是有些家长，逮着机会，不停地问问题。

问：老师，刚才听您演讲的时候说，要让孩子长见识，要做国际化的孩子，可是，我家孩子晕车，不愿出门，怎么办？

老师：那你觉得晕车要怎么办？

家长：那就少坐车啊，实在没办法再坐。

老师：孩子这辈子，可能与车隔绝吗？

家长：好像不可能。

老师：对晕车这件事，你觉得该克服它还是绕过它？

家长：好像要克服它，但要如何克服呢？

老师：只有一个方法，那就是带着孩子天天坐车，坐站站停的公交车，最多一个月后，孩子就成功地戒了晕车了。

长到18岁，考上大学要出家门了，居然最发愁的是晕车，我真不知道家长面对一个问题的时候，是多么不愿思考，不动脑筋。

教会孩子说以下这些，也是培养国际化孩子重要的一环，父母之间先学会说，做个表率——

请！

谢谢你！

对不起！

原谅我！

你好吗！

祝你健康！

太好了！

棒极了！

我来帮你！

我了解你的感觉！

要不要帮忙？

我和喜欢和你做朋友！

我们一起玩吧！

我希望和你分享！

对不起，我能不能离开一下！

我吃好了，我可以先离开吗？

好消息是，整个地球已向你开放，新的职业不断涌现。我的一个学生，自称做了国际公民，她的活法，长了我的见识。她半年住纽约，一住下来，网上发讯息：我精通中文，精通钢琴，我住某地，请方圆30公里以内，有意愿学中文、学钢琴的注意了，即刻报名，额满为止。

半年后她搬到巴黎，当晚网上发消息：我精通中文、英文和钢琴，我住某地，请方圆 30 公里以内，有意愿学以上专业的人士，即刻报名，额满为止。

听说招生情况很好，收入让一个人滋润地生活，绰绰有余。

对 80 后、90 后要先说 YES，让他去闯荡，让他去做一个没有文化屏障的国际公民。有的家长，小时候不让孩子出门，觉得危险，中学时，孩子待在家里，觉得这样的孩子乖。有一天发现孩子不爱出门了，急了，逼着他出门，可是逼也逼不出门了。

国际化孩子的特质在此总结为十一条——

第一，经常保持微笑；第二，心存感激，并经常说谢谢；第三，经常赞美和鼓励别人；第四，懂得宽恕别人和原谅别人；第五，勇于说“对不起我错了”；第六，被大多数人喜欢；第七，专心聆听别人讲话；第八，遇到问题，会寻找解决的方法；第九，珍爱自己和喜欢自己；第十，有良好的生活习惯；第十一，有良好的学习习惯。

从小培养！家长不要嫌烦啊！你烦在前，后面就轻松了啊！

# 第七章　采访实录

这一次的采访，我们全部真实记录。

在此声明，现场访谈，随问随答，思路跳跃，会有不严谨的地方，请大家谅解。心切时，说话重复，语句加重，常有失公允，不要断章取义，节摘一句出来点评，理解万岁。

家长关注其中能帮助到您提升教育思想的，应用之；不能帮助到的，弃之。不要因为我说话有些不全面不顾忌，惹您生气而妨碍您对其中智慧的吸收和应用，好吗?

祝福您!

# 做有智慧的父母，成就孩子的未来

记者是个80后，带着广大家长的问题，更带着自己即将为人母的心情，来问问题。老师说：想爱别人，就准备一些爱人的能力；想被人爱，就让自己具备可爱的品质；想结婚，就为结婚做些准备；想做妈妈，就为做妈妈学习智慧；想共度一生，就准备在一千次一万次的争吵、冷却、谅解、和好中轮回和升华。

**记者提问一：**陆老师，我们随便聊聊天，好吗？听说，在宽松的气氛中听您讲话，是种享受。陆老师，您是第一次来到我们孔孟之乡山东济宁，能不能谈一下对济宁的印象？

**陆惠萍：**到孔孟之乡来讲课还是有些惶恐的。两千多年前，这里诞生了至圣先师孔子，从此中华民族的血管里就流着仁义礼智信的血液。两千多年过去了，这里的人爱学习的品格没有变，懂得暑假里把孩子送到这里来，学习一些新的东西。

**记者提问二：**您通过这两天在这里的讲课，跟家长、孩子们的接触和沟通，您觉得我们济宁的家长是否会教育自己的孩子？

**陆惠萍：**跟别的地方的家长一样，对孩子的期待非常高，发现孩子一点点问题就非常地紧张，方法又比较单一。这样的话等到孩子有些状况，家长就会发急，可能与孩子之间就会引起冲突，天下家长大都一样。

但是，我发现这边跟别处有一个区别就是：大概有一大半的家长，是在孩子状态非常好的时候，就在暑假把孩子送过来学习。

**记者提问三：**就是说家长对孩子早期教育的意识还是有的，但是，可能在方法上不得当或者是还没有找到方法，是吗？

**陆惠萍：**是的，有一批家长觉得暑假是一个重要的时期，这个时期放松的话，可能很危险。而这个时期用来补充一些学校教育以外的学识一定很好，比如说学习口才、演讲沟通；比如学习人际关系，如何跟同龄人一起玩，怎么玩得和谐、融洽，如何跨越相互间的矛盾等等。家长有意识觉得这些要学，而这些意识是在孩子各方面的状态还不错的时候就开始了。

**记者提问四：**那么通过这两天您对于我们济宁的家长的沟通交流，您觉得他们的教育方式，存在哪些不足的地方？

**陆惠萍：**这次是家长和孩子在一起学习，课间通过跟家长的交流，发现我所看到的孩子，和家长所看到的孩子，好像不是同一个人。怎么讲呢？家长的着眼点永远是成绩，即学校科目的分数。很多家长在培训过程中跟我说：我的孩子各方面都很好，但成绩不好，即分数不好。

我们真正要关注的是孩子对学习这件事情的态度怎么样，而不是分数怎么样，即在关注点上要多视角一点。当我们看见孩子成绩单的时候，我们要去问孩子：你对成绩单满意吗？你觉得自己努力了吗？你对这一段时间的学习满意吗？

因为并不是每一个孩子都能成绩优异。导致孩子成绩差的因素很多，很复杂。如果太关注分数本身，我们一定就忽略了一些今后孩子们在社会中生活、生存智慧的学习。

所有的学习，目的是让孩子们长大以后把自己的工作和生活安排得井井有条、游刃有余。有些家长会忽略，有些家长根本没有想到。

**记者提问五：**那么，通过您这两天讲座和交流，您的哪些观念改变了家长的方式方法呢？

**陆惠萍：**孩子通过学习，他懂得绕过家长的一些现象，去看到背后的用心。原来孩子是有愤怒的，“你把我骗来上学？我不喜欢，我要自由，我要随意！”通过学习，孩子们发现他要自由先要懂得约束自己和充分了解社会、了解人心。所以，在课程结束的时候，每一个孩子上来表达他心意的时候，都感谢父母感谢老师给了他们很大的一个启发：我永远在指责我的父母：对我太严格，要求太高，而没有看到有一些的要求对我的未来多么重要。

父母通过学习，最大的感受是，原来是因为父母视角太窄，太浅，对孩子的带领没有新的方法才导致孩子所谓的“不听话”。所以，我们只会枯燥乏味地去引导孩子，对于这样的引导，孩子们都非常抗拒和厌恶。性格弱一些的孩子委屈接受，性格强一些的孩子跟父母之间就会发生冲突。

家长们说：其实，我们回忆自己做孩子的时候，也很烦父母的。所以父母自己要改变。

**记者提问六：**是不是通过您的培训，把家长教导孩子的方式和观念给改变了？

**陆惠萍：**是的，方式和观念改变了。原来家长是自顾自讲，不管孩子有没有听。当家长用这样的口气讲话，孩子的“门”马上就关闭了，我指的是心灵的“门”。但是家长不管，一直讲一直讲，我把这定性为“正确的废话”，“正确的废话”是让人非常烦躁的。那我告诉家长，一定要去关注自己说话时孩子的心情，如果孩子的心情是接受，孩子的眼睛一直在看着你的，那你只管讲没有问题。如果孩子非常抗拒，眉头皱起来，眼睛根本不看你，那就不要讲了，因为没有效果，而且只会增加家长跟孩子之间的隔阂。

**记者提问七：**在这里我代表天下父母问您一个问题，在教育培养孩子方面，什么样的方式，或者原则，是必须遵守的？

**陆惠萍：**嗯，这里有好几个原则必须遵守。

第一个原则是，一定要去关注孩子的心理，一定去关注你这句话讲出来，孩子的心理感受。要不然，你一直认为乖的孩子突然有一天出大的状况，你想破头也想不通。

第二个原则是，家长要把自己经营得好一些，家长要过勤奋的生活，做孩子的榜样，说教和数落少一些。我说过勤奋的生活，是指家长自己要勤奋地工作和勤奋地学习。

第三个原则是，也是最重要的，我希望听到这句话的每一个人，都能够去告诉自己身边的人。必须让你的孩子在5岁至10岁之间爱上书、爱上看书这件事，我不是指做同步练习卷子，或者成绩达到什么程度，而是让孩子爱上看书这件事情。如果孩子在这个时期没有爱上看书的话，他到叛逆期是一定出状况的。因为他脑袋空空、心灵空空。你觉得他已经染上网瘾了，你把他拉回来，那么他在家干吗呢？他无事可做，特别是在漫长的暑假里面。

国内有一个调查机构的结论是：每年暑假，在全国至少增加100万以上网瘾的孩子，是因为家长没有带领孩子在暑假里，带领去看看《百科全书》，背背唐诗，读一读国内外名著，读一些人物传记，看一看奥斯卡得奖的电影……

**记者提问八：**可能是没有帮孩子们没有形成一个习惯吧。

**陆惠萍：**对，这个习惯必须在5岁至10岁之间，由父母为他们建立起来，要不然一进入叛逆期就来不及了。有很多孩子这样跟我说：我爸让我回家，不准我看电视，不准我上网，我作业做完了，那我干吗？我说，你可以看书啊，孩子说：看书不好玩。有的孩子跟我讲，他喜欢看漫画书，只看漫画书，其他书不爱看。

**记者提问九：**看漫话书对孩子的心智成长没有好处，对吗？

**陆惠萍：**对，漫画书看了以后对自己没有精神支持的，没有能量支持，你很难从这样的书里获得积极向上的能量。

我希望家长在孩子5岁至10岁之间，哪怕家长自己不爱看书，请你无论如何，哪怕是装模作样也要爱看书。而且一边看书一边要怎样呢？一边看一边笑，好像觉得书里讲得真是太有趣了，表现那种状态给你的孩子看，你的孩子在那个年龄段，一定会说：妈妈，你在看什么，看什么东西那么好玩？那么好笑？然后你就扔书给他，跟他说：真好玩，真有趣，都在书里面。那他慢慢地，用几年的时间，就会觉得书里面有很多有趣、好玩、神秘的事情，人世间的所有的谜底都在书里。什么UFO怎么回事啊？玛雅文明怎么消失的啊？恐龙怎么灭绝的啊？宇宙飞船为什么会升上太空的啊？等等，跟你的孩子讨论，引导他去看书，找答案，并把答案与家人分享。分享完了，家里人要一起站起来，为他鼓掌一分钟。

**记者提问十：**老师，现在电脑游戏满天飞，玩电脑游戏危害到底有多大？

**陆惠萍：**电脑游戏都是声光电一起来，这种强刺激的东西，对听觉、视觉、感觉的刺激非常大，习惯于这样的强刺激后，对读书看书，就会觉得枯燥乏味。不具备很强的自我管理能力，玩游戏是会上瘾的。家长们必须有清醒的认识，日后可能会上瘾的东西，尽量不能碰。因为戒瘾需要很大的意志和力量。正如，抽烟的人，要戒烟并不容易。

**记者提问十一：**那如果我的孩子成绩很好，我是不是可以很放心，可以沾沾自喜、高枕无忧呢？

**陆惠萍：**我认为不是。如果你的孩子在普及教育当中，成绩比较好，你不要沾沾自喜，因为它只是一个普及教育而已。你一定要去关注，孩子自身发展，他忽略了什么？比如说，他可能成绩比较好，但他忽略了人际关系，他总是看不起成绩不好的同学，不喜欢跟成绩不好的人在一起，他常说："我就是知道答案也不教他们。"这种脾气性格对他未来有没有影响？肯定有影响，对不对？

如果你的孩子在现在的教育体制下，成绩不够好，你也不用着急，要关注的是他对学习这件事的态度怎么样？如果他不是一个非常聪明的孩子，不是逻辑性非常好的孩子，记忆力、数字序列等等的左脑五个脑区功能比较差，成绩无法很好的话，真的不用着急，你一定要去帮助他，去补充未来无法忽视的能力。

家庭教育要成为学校教育的补充，补充的意思是，帮助孩子学习社会上需要的能力。走上社会需要人际沟通的能力，需要演说的能力，需要做一个受欢迎的人，做一个有风范的人，做一个走出家门让人家觉得家教很好，走出国门让人家觉得中华民族很好的人，做一个推动社会发展的人。这样的人，何患不能成就自己，成就人生，甚至成就国家。

一个国家，无论执行什么样的教育模式，都会有缺陷，我们家长要懂得去补充。

**记者提问十二：**现在有一种特别普遍的现象，家长把孩子送到学校让老师去教，因为自己平时工作比较忙，回到家比较累了，可能认为老师教的就足够了，家长不用过多地去干涉，这种思想是比较普遍的。这种思想对吗？

**陆惠萍：**这样的家长肯定没有认真去学校看过，没有为老师想过。现在的学校，一个班里面几十个人，老师不可能每一个都关注到，他能够让大家安安静静学习，能把特别调皮的控制好，能够经常把好的作为榜样给大家看，老师做到这样，已经是非常非常了不起了的老师了。

我在很多学校里帮老师们做培训，老师们来听我的课，我看了心里面酸得不得了，因为他们都是捧着作业本来的，一边在批作业，一边听我讲课。当然从教育的角度讲，"教书育人"，是对老师的要求，或者说是老师对自己的要求。但是从现在的情况看起来，老师能够做好教书这件事已经是非常好的老师了，“育人”的事情绝对不能完完全全交给老师去做。

**记者提问十三：**这让家长怎么做呢？

**陆惠萍：**周末通过聊天帮助孩子化解心结。孩子回到家，跟孩子聊天，聊学校里的事。当他说什么的时候，关键是你不要马上批评他，经常批评他，下次他就不跟你说了。

学校老师很难做到关注孩子的心理状态。孩子在学校里跟老师的互动，跟同学的互动中不可避免会有一些冲突和误解，家长要帮助孩子化解。有的家长，把孩子送往寄宿学校，周末领回来就让孩子大吃大喝一番，而不关注孩子的心态。了解心态要通过与孩子的沟通，让孩子讲出来，不要只问老师。只问老师的话，只知道在教室里的状态，跟同学的互动，在宿舍里的互动不一定知道。

**记者提问十四：**也就是说家长要负很大一部分责任，是吗？

**陆惠萍：**是的，要负非常大的责任，养育孩子的心和养育孩子的情绪，永远是家长的事。

你去观察他在学校里面的状况，即你孩子的成绩是最上面的，还是中间的，还是最下面的，按照不同的状况，去做学校教育的补充。成绩很好的，要教导他帮助同学，以帮助同学为乐，承担更多责任。成绩中间的，要多给他一些目标，引导他达到新的目标。成绩差的，要认可他的品格和热情，帮助他建立学习上的小目标，比如下次考试进步一分或两分行不行？等等。

**记者提问十五：**您觉得中国的家长的教育方式最欠缺的一点是什么？

**陆惠萍：**最欠缺的一点就是家长不加思考地轻视素质，轻视生活能力，重分数。

家长对孩子的引领、引导非常不够。也不思考孩子的一些现状是如何引起的。

好多爸爸跟我讲：“我孩子只要成绩好，要什么给什么。”那样的做法是太害孩子的未来了，将来孩子一定是父母的受害者。

**记者提问十六：**很多家长反映孩子做作业心不在焉，速度奇慢，不知道他到底在磨蹭什么？

**陆惠萍：**哈哈！真巧，前几天，我们开“青少年领袖训练营”的一位家长向我反映了一件事。他说：“陆老师，我家孩子做作业慢，奇慢，超慢，让人无法容忍。”下课后，我把孩子拉到身边问他：孩子，我问你一个问题，你要如实回答我，我看你做事情很快，为什么做作业很慢？

孩子很健谈，跟我讲：陆老师，我做作业一点都不慢，但是，我看着我父母，当我要做完作业的时候，后面有 2 张、5 张甚至 10 张同步练习卷子在那里等着我。我觉得我做完作业足够了，同类型的作业我再做这么多遍，我不愿意。所以我就放慢我做作业的速度，我甚至留一点作业，第二天早上急急忙忙把它做完，于是我父母觉得我尽力了。所以同步练习卷子就扔在那里不用做了。就这样，我慢慢养成了磨时间的习惯。

当家长的一个“政策”出台，孩子就跟你对应起来，当你的孩子出现问题的时候，你一定要看你的一个什么机制让他如此行为的。

**记者提问十七：**其实家长还是要做一个自我检讨，这方面也特别重要。现在中国绝大部分的教育方式，我想陆老师也看到了家长的一个普遍现象：孩子从出生上学，到谈婚论嫁，到最后生孩子、带孩子，这一系列的人生轨迹都由家长一手操控，很多家长觉得，孩子的人生就是我的人生。我的观念对，我的经验多，我就应该用我的方式去教导孩子。这样呢，往往会导致孩子叛逆，或者抵抗家长，甚至发生一些激烈的冲突。您怎么看待这种中国式的家庭教育方式呢？您觉得应该怎么去改变这种思想呢？

**陆惠萍：**从“代替”变为“引导”。作为家长的一个行为准则是什么呢？

作为家长观察自己的行为对不对有一个准则：当你帮孩子做一件事情的时候，你是让他自己变得强大还是让他变弱小的。比如说他摔在地上，他已经会走路了，你把他扶起来，今后他只要摔倒，他就抬头等着妈妈扶。你必须让他自己站起来，这是让他自己强大的。你扶他就让他养成等待，不主动的习惯。长此以往，孩子长大成人变成啃老族也是挺自然的事情。

当孩子成为啃老族的时候，家长就烦恼了。但家长不知道，这些习惯是从小学一年级时给孩子送书时开始的。孩子忘记带书了，你就帮他去送，带书是他的责任呀，你就让他没有书呗，或者引导他想办法——不送书如何有书上课？引导孩子到隔壁班级去借。结论是你绝对不能为他送书。否则，你越帮他，家长事情越多，中国式教育是代替，而不是引导。

这个问题我们再多说一点，我在这里教家长最具体的做法，你的孩子回家说：妈妈我渴了，我要喝水，几乎所有的妈妈听到这句话会怎么样？放下所有的事情，赶紧去倒杯水给孩子。我要在这里郑重关照家长们：从今往后，你就跟孩子说：孩子，我也正好要喝水，帮妈妈也倒一杯来！如果孩子说，妈妈我要吃香蕉，你回答，妈妈正好也想吃，帮妈妈也拿一只香蕉来。这样的话，就让他慢慢强大起来了，每一个家长要耐得住性子。千万不能说：叫他做还不如自己做。

**记者提问十八：**现在，很多家长恨不能把孩子做的事情都帮他做完了才好，就怕孩子会处于不同的危险之中，正如家长们总在想切水果会不会有危险，等等。

**陆惠萍：**每个孩子早晚都要面临独立，每个长大的孩子都有疤。现在你走在街上，发现不会过马路的人，大有人在，有很多成年人都不会过马路。因为从小是被爸爸妈妈拎着过马路的，过马路要先看哪一边，他都不懂的，这样的危险为什么爸爸妈妈们没有预见到呢？总有一天，他需要自己过马路的，那怎么办，越早学会越好，越早学会越应用自如。有谁知道，突然在哪一天，孩了需要独自面对生活呢？

**记者提问十九：**也就是说父母对孩子的溺爱，其实也会无形之中对孩子造成一定的威胁？

**陆惠萍：**是的，而且，你怕危险发生，就让孩子待在家里，然后他的人际交往能力就比较弱，人际交往能力弱，他就不愿意出门，因为不知道跟怎么开口跟陌生人说话。他不愿意出门，在家干吗呢？多数就成了上网成瘾的孩子了。

**记者提问二十：**这是一个恶性循环，是吗？

那么，我觉得家长也是特别不容易，他其实也想要孩子快快乐乐、无忧无虑地度过童年。但是，看到同龄的孩子人家都在学特长，都在报补习班，像二胡、钢琴、舞蹈、乒乓球等等特长都会，但自己的孩子没有学，怕未来输给人家，所以也把孩子推到各种兴趣班上去。通常，孩子不快乐，家长负担也很重，家长这样一种矛盾的心理，您觉得应该怎样去疏导他们呢？

**陆惠萍：**其实对这件事，大众有误区。首先呢，无忧无虑不等于什么都不学习，什么都不学不等于无忧无虑。这是家长的误区，学很多东西不等于就非常痛苦和可怜。我的母亲，从小对我的教育是什么都学，体操、剑术、乒乓球、主持，样样都让我学。我小时候学的东西，比我女儿小时候还多，我学的每一项后来都成了我的骄傲。

一个人，必须有爱好，一个持续兴奋的爱好，被打败了没关系，有爱好，情绪就有出口。我主张孩子学些特长，我认同老话“技不压身”。

**记者提问二十一：**那这些东西您当初想学吗？

**陆惠萍：**我都是非常快乐地去学的，有些我会很讨厌去学，我的妈妈引领得很好。我对我的女儿是这样做的：暑假快开始的时候，我就牵着她的手，到少年宫去，站在一排暑期特长招生说明前问她：钢琴喜欢吗？要不要学一点？画画喜欢吗？要不要学一点？英语喜欢吗？想不想学？体操喜欢吗？想不想学？她一下子选了三样。我说：宝贝，你在喜欢的当中选两样来学，好不好？学了一个暑假下来，再跟她说：选一样现在还是很喜欢的继续学下去，把暑假班变成长期学习班，好不好？后来这些都成了她的特长。

所以，家长绝对不要认为学习这些就很辛苦，不学就无忧无虑。事实上我已经发现很多孩子，正因为没有任何特长和爱好，心无所依，无所事事。

我的一个学生，考上了清华大学，一个学期后回来，跟我讲，“我妈妈培养我是彻底失败的。”当时听到这句话，我吓了一跳，他妈妈在一旁脸色都变了。他说：“上大学里后，同学们要组建乐队，不会有我，因为我不会；组建球队，不会有我，因为我不会；建文学社，不会有我，因为我也不会，班级里什么我都帮不上忙，我很失落。还有我的字写得太差了，妈妈在我小时候也不督促我练练字。”他妈妈马上站起来激动地说：“我让你练字，可是你不听啊，你不肯练啊。”孩子回答：“我小时候不懂事，你为什么不能引导我，让我把这些最基础的东西学好。”

有一些特长，会在人情绪不好的时候，帮助你化解。比如说你今天心情特别不好，就去打打篮球，出一身汗，要不然就去拉拉琴，情绪有了一个出口，化解掉了，不会长期积累在心中。如果长期积累在心中，到时候，通常在自己都没有预料的时候，突然破坏性地爆发。

不要单纯地认为让他学就会很累，不让他学他就会很快乐。科学证明，人类的大脑功能表现，所有人都有一至两项特长，你不让他学，他自己会偷偷去学，这是他与生俱来的能量，这个能量让他对某一样东西特别地爱好，甚至痴迷。

**记者提问二十二：**现在为人父、为人母的大都是80后了，80后没吃过什么苦，那么，我们这一代教育孩子的方式，会不会跟60后、70后有很大的不同呢？

**陆惠萍：**肯定不同。这种不同有让我们担心的地方，有需要提醒的地方。

有些80后、90后这样跟我说：我的父母要孩子，我才生孩子，不是我要孩子，是他们要孙子，我生完了我就不管，我不带，由他们负责。

**记者提问二十三：**其实就是责任心不够，对吗？

**陆惠萍：**他们觉得到时候了，年龄到了，应该生，但是怎么带大孩子，一头雾水。所以，多数由隔代去带，但发现孩子长大一点的时候，又觉得父母带得不好。于是说，早知道这样，当初就不该让我爸爸妈妈带。

人啊，总会醒，只怕是醒得太晚。

**记者提问二十四：**日本、美国，很多的妈妈在没要孩子之前，就会为陪养孩子列一个计划，学习如何去引导他。而中国的很多母亲，是在有了孩子之后，甚至孩子出现状况之后，才去想这些问题的，这是不是一个错误呢？

**陆惠萍：**这一定是错误的，我希望更多的家长能体会到这个问题，先体会到这是个问题，才有改变的可能。

日本的妈妈们在她们只有20岁的时候，政府就为她们开设课程，学习怎么做女人，怎么处理两性关系，怎么营造家庭氛围，怎么创造孩子。其中这句话很有趣的："如何创造孩子？"意思是如何让孩子先天继承父母这一代好的基因。我们是怀孕了以后才开始重视，有很多母亲这样告诉我：不得了，我怀孕了，我之前喝过酒的，吃过药的，怎么办？整个怀孕过程，都在担忧紧张害怕——我能不能生下这个孩子，要不要打掉重来。可是，关键是打掉重来不知道还能不能来。一些医院里都有这样一个发人深省的场景——门诊大楼的一楼，人满为患，人人在打胎，二楼呢，也人满为患，人人在做试管婴儿。从小到大，我们学了很多没用的东西，而有用的东西，我们却不知道，有的知道重要但根本不知道怎么做。

我们国家有一个统计数字，适龄的女性有80%是在自己不知情的情况下怀孕了。不知情，说明你肯定没有做好准备，想生个健康聪明的孩子就大打折扣了。

**记者提问二十五：**那么，陆老师有没有好的建议给我们这些80后、90后，有没有一些忠告，给我们这些即将要做父母的人呢？

**陆惠萍：**我的建议是做充分的准备。

你对你生命中发生的所有的事情都必须是重视的，有诚意的，那这样的话，你就懂得去做准备。举例，如果你不可收拾地爱上了一个男人，你一定会去了解他身边有谁？爱好什么？怎么做可以打动他？偷偷去了解他，这就叫尊重和准备。

如果你对生孩子这件事情是非常重视的，你对迎接新的生命有虔诚心的，那你就会去做准备。现在我们的书店不缺这些，网上也提供很多这样的知识，你只要重视，就一定有条件做充分的准备。如果你想过幸福的人生的话，你就要做准备。就像你做新娘，要准备吧，准备拍婚纱照、找酒店、写喜帖、买家具、布置新房等等。生孩子这件事更大，孩子是你未来的事业，所以更需要做准备。

**记者提问二十六：**陆老师，很多家长反映，现在的独生子女，脾气很不好，家长要怎样帮助孩子调整情绪呢？

**陆惠萍：**这是一个很好的问题。情绪不好的人，能力再强，成就再大，也会被自己的情绪摧毁掉。情绪是一种能量，能量没有好坏，但变成情绪的时候就有好情绪和坏情绪之分。当孩子坏情绪发生的时候，一定不要跟他论对错，等情绪平息了以后再了解原因，跟他分析。

孩子有情绪的时候要允许他发泄。但是，有三个原则要在之前告诉他：第一，爆发情绪时不能伤害自己；第二，不能伤害别人；第三，不能妨碍别人。并且告诉他，情绪上来的时候，尽量什么也不要说，什么也不要做。因为说的一定很伤人，做的一定极具破坏性。

孩子哭，让他哭，不要说男子汉不可以哭。哭完了情绪好了，再跟他讲道理。

一个人的情绪状态叫潜意识性格状态。潜意识性格多数是负面性格，比如反抗性对立，比如情绪性坚持，比如固执性坚持，等等，听听这些名词就知道很可怕。意思是，当孩子处在这些潜意识性格时，表现出来的状态是反抗、对立、固执等。那时候，家长只有安静、旁观，让他冷静下来。很多监狱里的人，不知道自己的潜意识性格那么可怕，在情绪状态下做了极端的事，过后都非常后悔。养育孩子就是养育孩子的情绪。

家长如果早一点懂得这些，监狱里面不会有那么多人。

**记者提问二十七：**说得太好了，老师，中国有一句老话叫“富不过三代”，您是怎么看的？

**陆惠萍：**最近，由媒体披露出来的所谓富二代，官二代，星二代的所作所为，令人哭笑不得，更让人心痛不已。不由得让我们想起中国的这句老话“富不过三代”。孩子长大了，但不懂事，是谁的责任呢？我的书中和光盘中讲了很多案例。其实一切都是可以避免的，但爸爸妈妈思想观念的偏差，导致现在的结果，需要学习的是为人父为人母的能力。国家能不能建立一个制度：学了做父母的智慧再生孩子。

所谓“富不过三代”，在我看来，已经说得很客气了，改革开放后富起来的人们，有一大部分都“富不过一代”，一代白手起家，有了足够的财富，却只武装吃、穿、住、行，不肯武装思想和观念。没有被武装的头脑，一旦有了钱，是非常危险的。狂嫖滥赌，醉生梦死的大有人在。最后“地基”打得不够，承载不了财富。

有一次，一个家长跟我说：老师，你的课程很好，但是太贵了。我拿起她的包，问她：这个包多少钱，她说，一万二。再问：你的车多少钱，她说：六十万。培养孩子永远不是有没有钱的问题，只有家长愿不愿意重视的问题，或者说，是家长愿不愿意重视孩子生命的问题。

“地基”是思想，是品格，是梦想，是魂。英国有一句谚语大家都知道——三代才能培养出一个绅士。可是我们想着一富就要富过三代。十年树木，百年树人啊。

**记者提问二十八：**老师，我还有问题想问：请问，现在胖孩子比较多，是怎么造成的？怎样防范呢？

**陆惠萍：**关于孩子健康的问题，你不问我也很想谈一谈。

人类的身体看起来像是鬼斧神工的杰作，直到它出了问题，就是另一回事了。我们给孩子吃的大多是“垃圾”，你看到肥胖的孩子，不用问一定是吃“垃圾”长大的。

过年过节的时候，大人们拿着花花绿绿的东西回来给孩子吃，孩子吃了以后就得花花绿绿的病，什么叫花花绿绿的病？就是病例很少，几百万一例，连医生都束手无策的另类病。

几年前，台湾创造了一个历史。一个什么历史呢？14 岁的男孩子生肠癌死了，同样的一个身体，同样的一个内在器官，癌症的潜伏期很长，你把那最抗腐蚀的肠子折磨破坏到什么程度，14 年就变成癌症而死啊？我们只知道这个孩子有一个固定的习惯——每天早上进学校之前，在门口吃一根火腿肠，烤的。放学时再吃一根火腿肠。

被高度加工过的东西，一定好吃，我说的是口感好，但不容易排干净。食物其实只有一个特性我们要追求，不是口感，而是鲜，新鲜的鲜。

而让人震惊的是，去年深圳创造了新的历史，9 岁的男孩子肠癌去世。原因也是常吃被高度加工过的东西。有的东西扔在那里蚂蚁都不啃、蟑螂都不吃的，那个东西你给孩子吃，口味很重的，又不容易被排干净，还有很多添加剂，影响他的健康。不得不说，这依然是家长不可逃脱的责任。

**记者提问二十九：**陆老师，能不能讲一讲，上了大学的孩子，家长要怎么引导？

**陆惠萍：**提醒孩子参与社会实践，如果提醒了孩子没有做，帮助孩子找到假期实习的地方。

这是为将来的工作做准备。外资企业让你填简历时，要填你的学业能力是什么，你的管理能力是什么，是否组织过集体活动等等。

一个人能不能工作，一个人能不能创业，不看他什么学历，而看他对社会的认识程度，对人性的认识程度，对将要从事的事业的执著程度。

一个人成功不是因为他考上大学，发展沟通能力和领导能力是成功的前提。郎咸平对他自己的女儿说的话我很赞同：尽早到社会上吃吃亏，加加班。社会才是最好的大学，大学毕业，知识已经足够用了。

**记者提问三十：**谢谢陆老师，您刚才讲的这些，对我触动非常大，对我们的观众听众也一定触动非常大。我想通过我们这期节目播出之后，我们的一些听众，特别是即将为人父为人母，或者是已经为人父为人母的人都会受到极大的教育，谢谢您。我代表孔孟之乡的观众再一次谢谢您。

**陆惠萍：**期待大家进步，跟我一起祝愿——愿天下父母皆得欢心，愿天下儿女皆成栋梁！